DANÇANDO NA COZINHA

Título original
Bailar en la cocina, El secreto de los matrimonios que disfrutan

Copyright © 2024 Ediciones Palabra, S.A.

Capa
Gabriela Haeitmann

Dados Internacionais de Catalogação na Publicação (CIP)

Borrell, Pep
Dançando na cozinha: o segredo dos casamentos
alegres / Pep Borrell — 1ª ed. — São Paulo: Quadrante Editora,
2024.

ISBN: 978-85-7465-699-1

1. Casamento - Aspectos religiosos - Cristianismo 2. Igreja Católica -
Doutrinas 3. Reprodução humana - Aspectos religiosos - Cristianismo
I. Título

CDD—248.482

Índices para catálogo sistemático:
1. Reprodução humana : Aspectos religiosos : Cristianismo 248.482

Todos os direitos reservados a
QUADRANTE EDITORA
Rua Bernardo da Veiga, 47 - Tel.: 3873-2270
CEP 01252-020 - São Paulo - SP
www.quadrante.com.br / atendimento@quadrante.com.br

Pep Borrell

DANÇANDO NA COZINHA

O SEGREDO DOS CASAMENTOS ALEGRES

Tradução
Rafael Guedes

SUMÁRIO

PRÓLOGO DOS MEUS FILHOS	9
SEAN CONNERY	13
O ESCRUTÍNIO	15
O CONSENTIMENTO	21
ANTROPOLOGIA DE BOTECO	27
AS FASES DO AMOR	35
CASAMENTOS ALEGRES	51
O QUE FAZER PARA TERMOS CASAMENTOS ALEGRES?	61
O QUE EVITAR PARA QUE A ALEGRIA NÃO DESAPAREÇA DO NOSSO CASAMENTO?	77
O PERDÃO: PEDIR PERDÃO E PERDOAR	89
A IMAGINAÇÃO	91
O TRINCO	95

OS FILHOS	97
O DINHEIRO	103
AS PEQUENAS COISAS DE CADA DIA	109
A FÉ, PILAR FUNDAMENTAL DO NOSSO CASAMENTO	113
CONCLUSÃO: DANÇAR	123

Mercè, te amo.

PRÓLOGO DOS MEUS FILHOS

A grande aventura dos nossos pais começou no dia 18 de novembro de 1988. Embora nenhum de nós estivesse presente, temos certeza de que foi um festão. Aquele *sim* que ecoou na Basílica de Nossa Senhora das Mercês, continha muitas esperanças, muitas aspirações, muitos sonhos, muita vontade de amar um ao outro, muita alegria. Tudo isso pudemos testemunhar — e continuamos testemunhando — 35 anos depois. Aquele ressoante *sim* segue vivo, e o vemos renovado diariamente, minuto a minuto, no casamento dos nossos pais.

Como filhos, tivemos a imensa sorte de viver esse exemplo em casa. Um exemplo alegre de entrega, de carinho, de sempre se priorizar o outro. Lembramos que, quando éramos pequenos, o *papo*[1] (é assim que o chamamos...) tinha prazer em deixar clara a sua ordem de prioridades: "Em primeiro lugar, vem Deus; depois, vem a *mare*; em seguida, vocês; por fim, os amigos, o trabalho e o resto." Assim era e assim continua: a fé, pilar fundamental de suas vidas, a base de tudo, o fundamento de uma existência e de um casamento muito felizes, e o outro, sempre depois ou por meio desse amor a Deus.

Também pudemos testemunhar essa realidade nos detalhes cotidianos. Aquela ligação ao meio-dia; as flores de vez em quando; nunca uma crítica pelas costas; sempre evitando discutir na nossa frente; as escapadas românticas de fim de semana, mesmo que fossem apenas até Barcelona; a troca de sorrisos ao chegarem em casa cansados; aquelas danças *abraçadinhos*...

---

1   *Papo*, em catalão, significa "pai"; *mare*, significa "mãe". [N. T.]

DANÇANDO NA COZINHA

Um dos segredos do casamento deles é que os nossos pais conversam *muito*. Eles sempre dizem que, nos cursos de orientação familiar que frequentavam, costumavam ouvir que o problema principal dos conflitos conjugais era a falta de comunicação. Nas palestras sempre se dizia que é preciso falar, falar, falar e... falar. De fato, na nossa adolescência, se contássemos algo delicado para a *mare*, tínhamos certeza de que, no mesmo dia, o *papo* ficaria sabendo. Uma nota vermelha, qualquer coisa mal feita... era certo. Eles falam de tudo, sem segredos, e tudo é dos dois. A mãe sempre estava em casa à tarde, quando voltávamos do colégio, e o pai trabalhava até tarde, mas estava sempre presente graças a essa unidade deles, a essa comunicação constante e ao fato de que ele dava a vida para não perder nada importante (ou não tão importante assim, mas que era "importante" para nós, como os desenhos de alguma tarefa da escola, nos quais ele poderia se debruçar horas e horas até que ficassem excelentes).

Acreditamos que este livro pode ajudar todos os que buscam um exemplo de que o casamento é um BOM NEGÓCIO e que é possível ser feliz, mas que não tiveram a sorte de ter modelos próximos para testemunhar em primeira mão. Não é um livro de "dicas para um casamento feliz", nem de autoajuda. É um livro rápido e fácil de ler, que apresenta de maneira muito prática a maravilha do casamento.

Sabemos que nem sempre foi fácil. Que foi e continua sendo um caminho de muita luta, paciência e sacrifício de si mesmo. Mas podemos garantir que foi e ainda é um caminho feliz. E, quando você vive perto de pessoas felizes, você se contagia. Podemos ser muito felizes! É preciso ser feliz!

Tudo o que ele diz no livro é verdadeiro, e nós, os seus filhos, somos testemunhas. Esse amor de luta e entrega,

PRÓLOGO DOS MEUS FILHOS

mas feliz e prazeroso, é real. Do título à última linha, o *dançando na cozinha* também é autêntico. Na casa dos nossos pais, recebíamos responsabilidades a partir do momento que chegávamos à idade da razão. Os dois irmãos que ainda moram com eles continuam com as suas responsabilidades. Lavar pratos ou varrer o chão não é nada agradável, mas nos lembramos com muito carinho das festas que fazíamos na cozinha. Esse *dançando na cozinha* era real. Enquanto um lavava os pratos e as panelas, outro varria, outro arrumava a mesa, outro limpava os sapatos... Colocávamos música no volume máximo e dançávamos. Até o cachorro dançava. Evidentemente, isso não acontecia todos os dias (não somos um bando de malucos), mas, quando a situação se apresentava, ou ainda se apresenta, era sempre uma ótima ideia, e não era algo raro. Os nossos pais sempre gostaram de dançar abraçados, fosse qual música fosse. Eles dançavam abraçados de Freddie Mercury até C. Tangana. Pode parecer bobagem, mas não é. Eles dançavam juntos e morriam de rir, e nós assistíamos. Você pode não dar importância a isso, mas é importante. É uma forma de materializar o amor que sentem um pelo outro, mostrar que é possível ser muito feliz, e feliz de verdade.

Nas séries, filmes e vidas dos *influencers* de hoje, é comum ouvir que não vale a pena se comprometer. Eles apresentam um "amor" superficial, utilitário — egoísta. Um "te amo loucamente... enquanto durar". Vazio e egocêntrico. Quantas pessoas conhecemos que são plenamente felizes vivendo um amor assim? Quem, entre todos os que defendem um amor caprichoso, um jogo, pode dizer que tem uma vida plena? Neste livro, ao contrário, fala-se de entrega, de querer amar, de vontade, de esforço, de fidelidade... E, por trás de tudo isso, temos um autor (um casal) feliz. Sem poses. Tomara que este livro sirva para mostrar isso a muitas pessoas, mostrar

DANÇANDO NA COZINHA

que é possível, que é real e que se pode desfrutar muito do casamento. Nestas páginas, o padrão é elevado: não contêm mandamentos ou preceitos, respira-se esperança e entusiasmo. O noivado e o casamento (toda a vida cristã em geral) são assim: feitos mais de grandes desejos do que de proibições.

Esperamos que a leitura deste livro não deixe indiferente nem a você, nem a sua mulher ou marido. Vale a pena lutar pelo AMOR que é descrito aqui, e não se contentar com migalhas ou sombras de um amor que poderia ter sido.

Obrigado por comprar este livro. Vamos ver se agora o *papo* tira o escorpião do bolso e, com os lucros, compramos novas caixas de som para a cozinha (brincadeirinha...). Obrigado de coração. Estamos certos de que, ao encher o mundo de casamentos felizes, faremos dele um lugar melhor.

Mariola, Judit e Mateu, Toni
e Natàlia, Mateu, Jaume

SEAN CONNERY

"Não se vire... O Sean Connery está na mesa de trás."

Não sei se isso também acontece com vocês, mas, sempre que vamos a um hotel, a um restaurante ou a um barzinho, a nossa especialidade é encontrar parentes, conhecidos e, quase sempre, famosos. Os risos começam, a vontade de olhar para trás fica cada vez mais incontrolável, e, por fim, um de nós, fingindo que está procurando o garçom, vira-se para trás, e ambos caímos na risada.

Estamos em um quiosque de praia na Costa Brava. Em outra mesa está um vovô idêntico ao Sean Connery, porém mais velho, bem mais velho do que o Sean Connery de que nos lembramos. É muito parecido com ele: camisa branca, óculos de sol, mãos dadas com a esposa, também mais velha; ela tem os lábios pintados de carmim e está muito elegante e bonita, com uma blusa branca. Os dois tomam sua cervejinha, sem dizer nada, só olhando o mar.

É uma cena maravilhosa: dois velhinhos de mãos dadas, tomando uma cerveja e desfrutando a vista. Olhamos um para o outro e, sem dizer nada, sabemos o que estamos pensando (com o passar dos anos, basta um olhar para entender o que vai pela cabeça do outro). Que incrível. Isso, sim, é que é sucesso no casamento: mesmo que não saibamos nada da sua vida, a cena diz tudo. Triunfar no casamento não consiste simplesmente em se casar, mas chegar juntos ao fim da vida, e aproveitando — pois o casamento não é um castigo, não é um tormento. O casamento é incrível.

A questão não é durar, é aproveitar — e muito. Quantas vezes não fazemos ou ouvimos comentários do tipo "vocês têm muita paciência", "puxa, vocês conseguiram",

DANÇANDO NA COZINHA

"na época de Cristo, o casamento era para toda a vida porque as pessoas morriam aos trinta", "esse negócio de casamento para sempre é impossível", "o amor dura dois ou três anos"... Parece que estamos falando de uma ilusão, mas não é verdade. O casamento para sempre é possível, e, embora notemos que nos dias de hoje seja menos comum, todos temos muitíssimos exemplos de pessoas que se casaram para sempre, pais, avós ou conhecidos, pois todos nos casamos com esta intenção, "até que a morte nos separe". Ou, melhor dizendo, para toda a vida...

Desfrutamos tanto do nosso casamento e conhecemos tantas pessoas que desfrutam dos seus, que não podemos nos calar. Decidi escrever este — vamos chamá-lo assim — *livrinho* sem qualquer pretensão, mas com muita esperança e vontade de enaltecer o casamento alegre, prazeroso e para sempre.

Nós somos católicos, apaixonados por Cristo. Se você não for, não se preocupe, este livro também é para você. Tentarei diverti-lo, e tenho certeza de que você vai tirar dele algumas boas ideias para o seu casamento ou a sua relação, porque o objetivo deste livro é mexer com você, sacudi-lo, incentivá-lo; fazer com que você queira desfrutar do seu casamento; que, a cada quatro páginas lidas, você dê um beijo no seu marido, na sua esposa; que, após ler alguns capítulos, você se anime a abraçar a sua mulher, o seu homem, e dizer quarenta vezes que o ama, e que o ama mais — muito mais! — do que no primeiro dia.

Vamos falar sobre casamento da perspectiva de quem tem uns bons anos no ramo. Fala-se muito do noivado, dos primeiros anos, das crises... Mas poucos livros falam de casamentos veteranos, que têm anos de experiência. Venha, vamos passar um tempo agradável juntos. Espero que você goste, e, acima de tudo, que lhe seja útil. Alegria!

O ESCRUTÍNIO

Dez mil dólares

A senhora Donelan Andrews estava prestes a assinar um contrato com a Squaremouth, uma empresa de seguros de viagens. Andrews sempre lia as letras miúdas de tudo o que assinava. Quando estava na sétima página das letrinhas do contrato, ela viu que a empresa tinha organizado um concurso. O texto dizia: "Se você leu até aqui, é porque é um dos poucos clientes da Squaremouth que leem toda a documentação sobre termos e condições. Ligue para a empresa e ganhará uma recompensa." A recompensa: um prêmio de 10 mil dólares!

A empresa garante que tinha entregado 73 contratos antes que a senhora Andrews ligasse. Ninguém lê as letras miúdas. Você lê? Sem dúvida, é importante lê-las, mas quantas vezes não assinamos sem saber o que estamos fazendo? "Assine aqui", e vamos em frente.

Nós, que somos casados pela Igreja, assinamos o contrato mais importante das nossas vidas. É verdade que, às vezes, assinamos hipotecas que nos acompanham até a morte, mas o "contrato" que nós, cristãos, assinamos quando nos casamos, o famoso *consentimento*, é, sem dúvida, para sempre. E, além disso, não tem letras miúdas. O contrato mais importante da sua vida — e sem letras miúdas! Não tem as tais letrinhas, mas tem algumas perguntas prévias, dentro daquilo que se chama ESCRUTÍNIO.

DANÇANDO NA COZINHA

Vou recordar aqui o que o sacerdote nos perguntou no dia do nosso casamento. Lembro-me de que, naquele momento, o nosso querido amigo Monsenhor Joan Puig nos disse: "Vou lhes fazer três perguntas e vocês devem responder 'sim' às três." O Papa Francisco insiste muito conosco, que realizamos cursos pré-matrimoniais, sobre a necessidade de se aprofundar no escrutínio, pois essas três perguntas são fundamentais para entender e ter clareza a respeito do que se vai fazer.

O livro do Ritual do Matrimônio dá mais detalhes: "Os noivos devem responder simultaneamente a essas três perguntas antes de darem o 'sim' mútuo para se unirem em matrimônio. São três perguntas que tocam na essência do casamento. Se um deles responder negativamente a alguma dessas questões, ou se mentir na hora de respondê--las, o matrimônio não será válido." Como se vê, o assunto é sério. É realmente importante. Vamos ver o que nos perguntaram e como respondemos. Esse é um bom momento para você relembrar as perguntas que lhe foram feitas. Lembra-se do dia do seu casamento? Coloque-se naquele momento de novo, puxe pela memória.

A primeira pergunta dizia:

Viestes aqui para unir-vos em Matrimônio. Por isso, eu vos pergunto perante a Igreja: é de livre e espontânea vontade que o fazeis?

E respondemos:

Sim, viemos livremente.

Quando nos deparamos com essa pergunta, pensamos que é mamão com açúcar. Parece que se direciona apenas àqueles casamentos por interesse, por obrigação ou de fachada, e que não se aplica a nós. Porém, se analisarmos a

O ESCRUTÍNIO

pergunta com atenção, veremos que não é necessário pensar em casos tão extremos. Quantos noivos, após passarem anos juntos, não hesitam diante do casamento e pensam: "Se eu a (o) deixar, o meu futuro sogro me mata", "não sei se quero me casar, mas não tem mais volta" ou "já estou com certa idade, e, se não for com este (esta), ficarei solteira (o)?" Estamos nos casando livremente? Não sofremos nenhuma coação, por menor que seja? O casamento é um ato livre. Cada um de nós decide livremente dizer "sim", porque "temos vontade", e esse é um requisito fundamental: sem liberdade, não há casamento.

Vamos à segunda pergunta:

Abraçando o matrimônio, ides prometer amor e fidelidade um ao outro. É por toda a vida que o prometeis?

E respondemos:

Sim, por toda a vida.

Essa pergunta já é muito mais *heavy, heavy, heavy*:[1] por toda a vida, ou seja, para sempre. Não há "letras miúdas", apenas três perguntas, mas essa é mais profunda: por toda a vida, por toda a vida... ecoa nos corredores da igreja. Posso me comprometer com algo *por toda a vida*? Podemos nos amar *para sempre*? Mas o amor não é algo que vai e vem? É possível se comprometer por toda a vida? Caso nos perguntem se é possível, bem, de fato conhecemos muitos que conseguiram, muitíssimos... Vamos nos amar por toda a vida? Posso me decidir a te amar para sempre? Aí está a questão. SIM, podemos nos comprometer a amar por toda a vida, porque amar não é apenas sentir. Mas não nos apressemos, já, já nos aprofundaremos no tema: sentir e amar, eis a questão.

---

1 No original, *heavy, heavy, heavy*, em inglês. Pode ser traduzido como "pesada, pesada, pesada". [N. T.]

17

DANÇANDO NA COZINHA

Poderíamos dizer, garantir, que não podemos nos comprometer a sentir — isso está claro, pois às vezes sentimos e outras vezes não. Mas podemos, sim, nos comprometer a amar, porque o amor é fruto da vontade. Eu me comprometo, estou decidido a isso, providenciarei todos os meios, sim, sim, sim, comprometo-me a te amar. Amar é querer o bem do outro, e é isso que desejo e me vejo capaz de conseguir. Eu me caso para te amar, não porque te amo. Chesterton,[2] sempre muito perspicaz, dizia: "É feliz o homem que se casa com a mulher que ama, mas muito mais feliz o homem que ama a mulher com quem se casou."

Pois bem, dizemos "sim" novamente, que será por toda a vida, e as coisas já começam a ficar mais sérias. Falaremos muito sobre esse tema ao longo do livro, de modo que ninguém poderá dizer que não foi avisado. Se você se casou pela Igreja, antes da oficialização do casamento, do consentimento, foi-lhe perguntado e você respondeu sim. E aqui estamos. Para sempre, para sempre, para sempre...

Passemos à terceira e última pergunta:

Estais dispostos a receber, responsável e amorosamente, os filhos que Deus vos confiar, educando-os na Lei de Cristo e da Igreja?

E respondemos:

Sim, estamos.

Bem, bem... Estamos a poucos segundos de nos casar e já nos falam de filhos... Vamos prestar muita atenção à questão. A Igreja nos pergunta se estamos dispostos a receber de Deus os filhos. É interessante notar que os

---

2 Gilbert Keith Chesterton (1874-1936), jornalista, escritor e intelectual católico britânico.

filhos são recebidos de Deus; é o Senhor quem os dá. Nós temos de estar dispostos, mas aqui está o que me agrada: "responsável e amorosamente", com responsabilidade e amor. Os nossos filhos serão fruto do nosso amor. Do amor dos esposos nascerão os filhos, dom de Deus, e seremos nós, os pais, e só nós, que responsavelmente decidiremos, perante o Senhor, sobre esse assunto. Quantos filhos teremos? Quantos gostaríamos de ter? Quantas situações a vida poderá nos apresentar e que terão tanta importância nesta decisão baseada no amor e na responsabilidade? Com essa pergunta, não só dizemos a Deus e a todos os presentes que estamos abertos à vida, mas que, se tivermos filhos, nós os educaremos segundo a lei de Cristo e da sua Igreja, e é aqui que nos "pegam". Não escolhemos dar uma educação cristã aos nossos filhos apenas quando eles começarem no primeiro ano do Ensino Infantil; afirmamos que estamos dispostos a educá-los dessa maneira desde já, antes mesmo de nos casar, quando proclamamos ao Senhor que estamos dispostos a educá-los segundo a lei de Cristo e da sua Igreja.

Por fim, respondemos de modo afirmativo a essas três perguntas, que tocam no cerne do casamento. Gostamos de sempre lembrar desse escrutínio, porque todos nós, casados, dissemos "sim" um dia, e muitas vezes não estamos realmente cientes do que nos perguntaram e nem do que respondemos. Estávamos nervosos naquele dia. A noiva estava radiante, linda, e nos inquietávamos até com a possibilidade de um grampo de cabelo cair e estragar a obra de arte do cabeleireiro. Aquele nosso primo nos saudava do terceiro banco, e o nosso futuro sogro estava com uma cara que não sabíamos se era emoção ou mau humor.

A questão é que, nervosos, dizemos que sabemos o que estamos fazendo; que viemos totalmente livres, sem

DANÇANDO NA COZINHA

nenhuma coerção; que o casamento é para sempre, para sempre; e que, se Deus quiser nos dar filhos, nós os aceitaremos com responsabilidade e amor, e os educaremos conforme a lei de Cristo e da sua Igreja, ou seja, que faremos deles bons cristãos (ou que, pelo menos, faremos o possível para que sejam), sempre contando com a ajuda de Deus. E cá estamos, a poucos instantes de receber o Sacramento do Matrimônio, em letras maiúsculas.

Agora vem o momento importante... Atenção!

O CONSENTIMENTO

Aconteça o que acontecer. Para toda a vida

O consentimento é o momento crucial na celebração do casamento. Na verdade, é "o" momento. No exato instante que dizemos "sim" um ao outro, seja na forma lida ou dialogada, somos marido e mulher. Um segundo antes éramos solteiros, um segundo depois estamos casados: pá-pum.

Se você tiver dúvidas, dê o fora, como no filme *Noiva em fuga*: não tem problema, ainda dá tempo. Pode causar algum aborrecimento, mas é melhor um segundo antes do que um segundo depois.

Antes de falar precisamente do consentimento cabe dizer que no casamento cristão somos nós, os próprios cônjuges, que nos casamos a nós. Isso mesmo: ninguém nos casa, somos nós que nos casamos a nós. De maneira mais séria, diríamos que os ministros do casamento são os próprios contratantes. O sacerdote é uma testemunha — qualificada, sem dúvida, mas uma testemunha. Os nossos amigos ou parentes escolhidos são as testemunhas que mais perto de nós veem e ouvem o que dizemos e dão fé; por isso colocam a sua assinatura. O resto dos convidados — aquele nosso primo do terceiro banco e todos os familiares e amigos — constitui o povo de Deus que presencia esse evento tão grandioso. Um homem e uma mulher dizendo um ao outro que se

DANÇANDO NA COZINHA

amam e que se amarão para sempre: sim, sim, isso é o que acontece nesse momento. Incrível.

O sacerdote convida os contratantes a expressarem o consentimento: "Uma vez que é vosso propósito contrair o santo Matrimônio, uni as mãos direitas e manifestai o vosso consentimento na presença de Deus e da sua Igreja."

Existem três formas de consentimento, e a escolha entre uma ou outra sempre vai depender da timidez dos noivos de ler em público, do medo do "palco", de alguma dificuldade ou da predileção dos noivos ou do sacerdote. Eu gosto da primeira, a lida, que é a mais comum, a mais tradicional.

Diz o ritual: "Agora os noivos se entregam e se recebem mutuamente, para serem uma só carne e unirem as suas vidas para sempre."

Eu, Pep, te recebo, Mercè, como minha esposa, e me entrego a ti, prometendo ser fiel na prosperidade e na adversidade, na saúde e na doença, e assim te amar e respeitar todos os dias da minha vida.

Eu, Mercè, te recebo, Pep, como minha esposa, e me entrego a ti, prometendo ser fiel na prosperidade e na adversidade, na saúde e na doença, e assim te amar e respeitar todos os dias da minha vida.

Então, do fundo da igreja e a plenos pulmões, uma voz poderia gritar: "Vocês estão loucos!" E não seria para menos. O que acabamos de fazer é loucura, ainda mais nos tempos atuais. Estamos realmente loucos, loucos de amor, perdidamente loucos, e acabamos de dizer, perante Deus e a sua Igreja, que nos comprometemos com algo incrível, sabendo que, sozinhos, não conseguimos, mas que, com Deus e a Sua graça, tudo podemos. É por isso que podemos dizer ao Senhor: "Eu me comprometi diante de ti, e agora preciso de ti, ajuda-me." Garanto a vocês que Ele não falha.

Terminada a celebração, na saída da igreja, e depois de mil fotos, em vez de buscar o Livro da Família ou o documento pertinente ao registro civil, teríamos de ir a um estúdio de tatuagem e pedir que nos tatuassem o consentimento no antebraço, de preferência em letras garrafais, para que, a partir daquele momento, nunca mais nos esquecêssemos do que assinamos e daquilo com que nos comprometemos. Se você não for muito chegado a tatuagens, não tem problema, mas é importante ter o consentimento sempre em mente, tê-lo sempre à mão. No bloco de notas do celular, por exemplo. É bom guardá-lo em algum lugar de fácil acesso, mesmo que você o saiba de cor. Eis um conselho para os casados: tenham o consentimento salvo no celular e recorram a ele sempre que necessário.

Temos uns bons amigos que fabricam hambúrgueres, muitos hambúrgueres. Considere que um combo de quatro hambúrgueres custa uns poucos euros no mercado. Assim, para ganhar a vida, eles precisam fabricar milhares de hambúrgueres. Além disso, esse é um produto fresco, e não pode esperar muito entre a fabricação, distribuição e venda. Com frequência nos encontramos com eles para jantar, e é comum conversarmos sobre trabalho durante a sobremesa, com uma taça na mão. Com frequência, eles tocam no assunto dos contratos com essa ou aquela rede de distribuição. Quando alguns mercados pedem qualquer modificação no preço ou na qualidade, é necessário recorrer ao contrato: o que foi combinado? O que decidimos? O que assinamos? Acontece o mesmo no

DANÇANDO NA COZINHA

casamento (perdoem-me por comparar o casamento a um hambúrguer): é preciso sempre recorrer ao contrato, e então perceberemos que nos comprometemos com muito.

Comprometemo-nos — porque assim o quisemos — a amar um ao outro, ou seja, a nos fazer mutuamente felizes para sempre, aconteça o que acontecer. Repetimos: aconteça o que acontecer, quer as coisas corram bem ou mal, estejamos saudáveis ou doentes, tenhamos filhos ou não. Aconteça o que acontecer. Loucos, loucos, mas muito loucos de amor.

Mercè e eu nos casamos em 1998, em Barcelona, na Basílica de Nossa Senhora das Mercês, a quem temos muita devoção. A celebração foi feita em catalão, nossa língua materna, e em catalão, em vez de dizer "Te amaré y respetaré", dizemos "T'estimare i t'honorare", que pode ser traduzido como: "Te amarei e te honrarei, dar-te-ei honra". A quem se dá honra? Atualmente, a poucas pessoas. Esse negócio de honra está meio fora de moda. Dá-se honra a pessoas importantes — um rei, um príncipe. Poderíamos dizer: "Eu te amarei, aconteça o que acontecer, e também vou te tratar como um rei, como uma rainha, ou seja, vou me desdobrar por você para que seja feliz. Sinta você ou não, farei tudo o que estiver ao meu alcance." Porque amar — repetimos, e repetiremos muitas vezes — é querer o bem do outro. É isso que assinamos: te amo, te amo e vou te amar.

E, por falar em amar, já avançamos por umas boas páginas. Se você tem o seu esposo (a), noivo (a) ou parceiro (a) por perto, deixe este livro de lado por um momento, levante-se, dê-lhe um beijo e diga que o (a) ama. Continuaremos a leitura em outra ocasião. Como diz o meu amigo Victor Küppers, "o mais importante na vida é que o mais importante seja o mais importante"

O CONSENTIMENTO

(ele me disse que a frase não é dele, e sim de Stephen Covey[1], mas eu sempre a ouvi dele. Se não for, que diferença faz? Vale da mesma forma!).

---

1 Escritor americano, autor do best-seller administrativo *Os sete hábitos das pessoas altamente eficazes*. [N. T.]

ANTROPOLOGIA DE BOTECO

O cão chique da rua Serrano

Antropologia é a ciência que estuda o comportamento das pessoas — como somos enquanto seres humanos. Ei, leitor, não se preocupe! A explicação será muito simples: antropologia explicada por um dentista... Algo muito acessível, pois é importante explorarmos esse tema. Quando ainda frequentávamos a escola, há mais de quarenta anos, ensinaram-nos — suponho que a vocês também — que nós, humanos, somos animais racionais, que a diferença que nos distingue dos outros animais é a capacidade de raciocinar. Em quê pensam os animais? O que sentem? Na verdade, não sabemos com certeza. O que está claro é que os animais não têm vontade de fazer coisas, agem por instinto, enquanto os seres humanos têm a vontade e a liberdade de fazer as coisas. A razão é constituída de inteligência e vontade: penso e decido agir em conformidade.

Um cão branco muito chique, recém-saído do pet shop, com uma correntinha de marca, caminha pela rua Serrano, em Madri, levado por uma menina lindíssima... Se ele estiver com sede e encontrar uma poça d'água, com certeza beberá, quer a água esteja limpa, suja ou podre. Se estiver com sede, o bichinho beberá. Ponto. E vai acabar dentro de uma poça de lama, para a irritação da sua dona, que o tinha buscado limpo e imaculadamente branco no pet shop. Se um homem sedento, com muito mais sede do que esse cão, está diante de um copo de água, pode

DANÇANDO NA COZINHA

decidir se beberá ou não, e por qualquer motivo — seja porque a água está quente ou fria demais, porque está verde, porque ele não quer ou porque está fazendo a dieta do pepino. Nós, seres humanos, somos infinitamente mais livres do que os animais pois a razão nos permite, voluntariamente e conduzidos pela inteligência, tomar a decisão que quisermos. Posso decidir não beber, por mais sedento que esteja. Os animais agem movidos pelo instinto. Nascem, crescem, reproduzem-se e morrem. Nós, seres humanos, podemos fazer o que tivermos vontade. Os animais, não. Somos tão livres que podemos agir até contra nós mesmos.

A liberdade, tantas vezes mal compreendida, é a grande questão, além de um mistério: nós somos livres, totalmente livres — sim, ainda que você não acredite.

Você consegue imaginar o que aconteceria se os animais tivessem o mesmo prazer que nós, seres humanos, durante o ato sexual? E se pudessem acasalar sempre que quisessem, não apenas no período de cio? Seria uma orgia sem fim. As ruas estariam cheias de cães acasalando: "Que pastor alemão mais atraente; não, veja esse dogue alemão, que espetacular...", diria o chihuahua. Somente nós, seres humanos, podemos desfrutar desse presente, e por isso não "acasalamos", temos relações sexuais. Relações! Nós fazemos amor. Amor!

As vacas não fazem amor.

Somos livres para amar. Fomos criados para a comunhão.

"O homem, única criatura que Deus amou por si mesmo, não pode encontrar a sua própria plenitude a não ser na entrega sincera de si mesmo aos demais" (*Gaudium et spes*,[1] 24).

---

1   Uma das constituições do Concílio Vaticano II. Trata fundamentalmente das relações entre a Igreja Católica e o mundo onde ela está e atua. [N. T.]

Vamos retomar o tema das emoções. Não faz muito tempo, há pouco mais de um século, começou-se a dar mais importância aos sentimentos, às paixões. Durante muito tempo eles foram desprezados, e, mais que isso, tachados de perigosos, como algo que deveria ser evitado. O importante era a razão; as emoções e as paixões desorientavam o homem... Isso não é verdade. As emoções são importantes, isso é evidente, e exercem grande influência na nossa vida. Além disso, não apenas são boas como são inevitáveis e necessárias. Há autores que até afirmam que somos animais racionais e emocionais. Recebemos os estímulos pelos sentidos e por isso os chamamos de "sentimentos". Essas emoções passam por nossas cabeças e agimos em conformidade. Esse seria o ordenamento lógico. Sinto, penso e decido agir.

Já tinha esclarecido que seria uma antropologia de boteco. Os entendidos que me perdoem. É claro que os especialistas no assunto diferenciam os sentimentos das emoções ou paixões. Eu me refiro a tudo aquilo que nos cerca e nos influencia.

A nossa vida consiste em encontrar um equilíbrio entre o que sentimos, o que pensamos e o que fazemos. Sentir, pensar e agir. Toda a vida.

Um bebê sente pouco, pensa pouco e não age. Dorme, come e chora. Quando vemos uma criança de cinco, oito, dez anos, dizemos: "Parece um bichinho!", porque não para quieta: pula, corre, cai, levanta... Sente pouco, pensa pouco e "faz" muito. Chega a adolescência e somos todo coração... Sentimos muito, somos pura emoção e, muitas vezes, nesta fase, movidos pelos sentimentos, agimos sem pensar ou pensando pouco, nos apaixonamos muito, nos aborrecemos muito, sofremos e tomamos decisões talvez precipitadas e, muitas vezes, erradas, movidos pelos sentimentos e emoções, que acarretam consequências para toda a vida. Mas essa também é uma época preciosa, de

DANÇANDO NA COZINHA

amizade, de independência... Terminada a adolescência, estamos concluindo a nossa formação, os estudos, e começamos o que poderíamos chamar de fase adulta, em que somos jovens adultos e nos achamos os "reis da parada". Saímos da universidade e parece que sabemos tudo. Começamos a trabalhar — se o mercado de trabalho permite, pois atualmente não está nada fácil — e então somos contratados por um dentista, pois estudamos odontologia, mas acontece que esse dentista é um veterano, e temos a impressão de saber muito mais do que ele, pois somos "atualizados", acabamos de sair da faculdade e ainda fizemos um mestrado caríssimo. Começamos a trabalhar, tomamos decisões e enfrentamos os nossos primeiros fracassos, porque nem tudo é tão fácil quanto parecia nas anotações que fazíamos nas aulas, e então começamos a entender que "galinha velha é que dá bom caldo", ou seja, títulos e diplomas são importantes, mas é a experiência que faz a diferença. Através de experiência, treino e, por que não, fracassos e sucessos, chegamos à maturidade. Somos adultos, e agora quando uma situação, um sentimento ou uma emoção nos assalta, a razão age e tomamos a decisão mais apropriada... talvez já não muito entusiasmada, porque o entusiasmo da juventude diminui, mas, em compensação, acrescenta-se a paz. À medida que envelhecemos, sentimos muito, pensamos muito e agimos com mais prudência, e, quando nos tornamos avós, tudo volta a ser sentimento, nostalgia, reflexão; desfrutamos da vida, mas o corpo impõe limitações e não colabora tanto para fazermos muitas coisas.

Toda a vida é um equilíbrio entre o que sentimos, o que pensamos e o que fazemos. É assim do nosso nascimento até a morte.

Tenho um amigo, Luís, que se casou três vezes. Um dia encontrei a sua terceira esposa, Cris, que, com lágrimas nos olhos, me disse:

ANTROPOLOGIA DE BOTECO

— Luís me deixou.

— Mas como?

Luís é um bom amigo, e liguei para ele:

— O que aconteceu, cara? Eu não sabia que você tinha terminado com a Cris.

— Sim... passamos uns bons anos juntos, mas ultimamente eu não sentia mais nada. Conheci outra pessoa.

— Mas vocês pareciam tão bem.

— Não acredite. Já estávamos mal há um bom tempo. Péssimos. Conheci Marta e me apaixonei; estou encantado por ela. Não posso lutar contra os sentimentos, cara. Vou lhe apresentar a Marta em breve. Vamos tomar algo!

"Não posso lutar contra os sentimentos." Quantas vezes não ouvimos essa expressão? É possível lutar contra os sentimentos? Deve-se lutar contra os sentimentos? Temos de sempre lutar para recusar aquilo que nos apetece? Vale a pena dar rédeas soltas aos sentimentos? Trata-se de um tema apaixonante e muito atual. A sociedade nos diz: "Sinta, sinta... Não se segure, e, quando deixar de sentir, vá atrás de outro, de outra. Isso vai e vem... Sentir, sentir... O amor não dura..."

É claro que temos de lutar contra os sentimentos, esses sentimentos que tantas vezes podem surgir devem ser observados, pensados, avaliados pela razão, para depois agirmos movidos pela inteligência e pela vontade.

Estou casado com Mercè há mais de 30 anos e posso me apaixonar por uma nova mulher a cada dia, porque a paixão é um sentimento e "vem até nós". Mas esse sentimento, tantas vezes louco e descontrolado, deve ser avaliado pela cabeça e, com inteligência e vontade, recusado ou aceito.

Então precisamos sempre agir movidos pela razão? Até em questões de amor? O amor não é assunto do coração? Aí está o ponto em que reside a maioria dos problemas dos casamentos e dos relacionamentos: confundimos amor com paixão, o sentimento com o compromisso de amar. Poderíamos escrever uma enciclopédia, páginas e páginas falando do amor, mas o cerne é sempre o mesmo: uma coisa é sentir, outra é amar.

"Posso me comprometer a amar, mas não posso me comprometer a sentir." Não sei de quem é essa frase, mas esse é realmente centro da questão.

O sentimento vai e vem. O amor, que também é um sentimento, pode — e deve — ser trabalhado. O amor consiste em querer o bem do outro, pensar no outro. A paixão, o sentimento, consiste em pensar em mim mesmo, em como *eu* me sinto. O amor é como *eu* faço *você* se sentir; é sair de mim mesmo para amar. "Querer amar." Aqui, quase poderíamos concluir o livro, e ainda estamos começando. É que aqui reside o segredo, aqui está a essência da questão. Não se trata do que eu sinto, de como eu me sinto, mas sim de como eu faço você se sentir, de como você está.

É por isso que, quando nos casamos, nós nos comprometemos, nós *podemos* nos comprometer: porque depende da nossa vontade, do que queremos fazer. Eu vou te tratar muito bem, vou te fazer feliz, vou me esforçar muito para que aproveite cada momento. E, se ambos nos comprometermos, contando ainda com a ajuda de Deus, através da graça concedida pelo sacramento, a coisa está feita. Sucesso garantido. Sim, eu sei que na teoria é uma beleza, mas que o dia a dia é outra coisa... Eu não disse que é fácil. Realmente não é. Nada que realmente valha a pena na vida é fácil: exige esforço, dedicação, sacrifício. Se você quiser ficar em boa forma, precisa passar muitas horas na academia; se quiser fazer um curso universitário, precisa estudar muito — e nem vamos mencionar os concursos públicos. Mas esse esforço proporciona muitas satisfações, motivo pelo qual nunca se deve ver o casamento como um fardo, nem apenas como um sacrifício, e sim como uma alegria, uma felicidade. Eu ajo dessa forma porque te amo, porque quero que você seja feliz, porque me agrada te ver contente, porque quero te amar, porque desejo te amar. "Eu te amo", digo, mil vezes. E, se eu me esforçar — pois terei de me esforçar —, sentirei, sentiremos, vamos nos apaixonar novamente, vamos aproveitar e será incrível.

De certa forma, já começamos a falar das fases do amor, e acredito que é muito importante abordar esse tema.

AS FASES DO AMOR

Para escrever sobre amor e paixão não é necessário ser especialista. Afinal, quem é especialista em amor? Como diz o meu amigo Javier Vidal-Quadras, um craque no assunto, os especialistas em amor somos nós, que amamos, e nesse quesito todos deveríamos ser "mestres". Todos somos amantes, e nós, que estamos casados há anos, somos *experts* no assunto, pois amar se aprende amando.

Gosto de classificar o amor em três etapas, porém, se você — que é tão especialista quanto eu — acha que deveriam ser vinte e três, muito bem, maravilha. Para mim, as três etapas do amor são: ATRAÇÃO, PAIXÃO e AMOR. São etapas correlacionadas, sim, mas as seguintes não substituem as anteriores; na verdade, aperfeiçoam-nas e nos tornam melhores como homens e mulheres que amam, com altos e baixos por toda a vida.

Atração

Você vê uma pessoa e sente algo, um *quê*, um *ai*, um *não sei*... Bem, você sabe do que estou falando, pois certamente já passou por isso.

A atração é imprescindível para que surja o amor; inicialmente, costuma ser física, embora não apenas física, pois é difícil sentir-se atraído por uma pessoa que lhe cause "repulsa". A atração física é necessária.

A nossa sorte — de nós, homens — é que, para gostos, cores e outros detalhes, as mulheres notam muitas outras coisas.

DANÇANDO NA COZINHA

Sou o mais velho de dez irmãos, dos quais sete são mulheres. Os homens estão no primeiro, sexto e nono lugares — ou seja, em nossa família não há dois homens consecutivos. Depois de mim, vêm quatro mulheres com pouco mais de um ano de diferença de idade. Lembro dos tempos de adolescência em casa, com longas conversas após as refeições sobre a aparência dos rapazes da região. Há um jargão feminino que nunca entendi: "Não gosto desse rapaz, é bonito demais." Bonito demais! Nunca ouvi um rapaz dizer que não gosta de uma garota porque é bonita demais. A verdade é que, nesse quesito, como em tantos outros, somos muito diferentes. Nós, homens, nos atentamos... Não vou dizer em quê nos atentamos, mas está claro, e todos sabem, que são coisas muito mais simples... Quando estamos indo com a farinha, as mulheres já estão voltando com o bolo...

Na juventude, se estamos solteiros e somos convidados para o casamento de um amigo, levamos em mente o ditado: "casamentos fazem casamentos". E quantas vezes isso acontece! Sei de muitos casais que se conheceram assim... Muitos de nós aguardamos ansiosos as festas de casamento na esperança de conhecer alguém interessante, e qual não é a nossa surpresa quando, ao conferir o mapa de disposição das mesas (o famoso *seating plan*) e encontrar o nosso nome na lista (o que muitas vezes não é fácil), descobrimos que nos sentaremos ao lado da filha de uns amigos dos nossos pais? Irmã mais nova do seu amigo, ela nos parece tudo, menos atraente. "Aff, outro casamento perdido", pensamos, resignando-nos a procurar a mesa indicada no mapa, sabendo que nos encontraremos aquela garota que não nos atrai de modo algum. Entramos no salão e já a enxergamos de longe, é a única que está sentada à mesa. Sentamo-nos ao lado dela e a cumprimentamos com educação, esperando que o jantar acabe logo para podermos sair dali e dançar com um copo de bebida até a borda. Fazia, porém, muito tempo (anos!) que não nos víamos, o salão está muito barulhento e uma conversa com todas as pessoas à mesa é impossível. Começamos a bater um papo com ela, porque é a pessoa que está mais perto de nós, e começamos a achá-la muito atraente, porque ela fala bem, está bem vestida, tem uma conversa agradável... sei lá, são mil razões que a tornam muito interessante. Então trocamos nossos telefones e combinamos de nos encontrar novamente. Mais tarde, em casa, aquela garota começa a vir à nossa mente sem parar, sem parar...

Às vezes é com um olhar, um olhar demorado... Algumas palavras, alguma coincidência, mil situações que fazem surgir essa atração que um dia pode se transformar em amor.

Paixão

A paixão é outra história. É algo muito bonito que vem até você. Um sentimento muito poderoso, que lhe cai como a água de um chuveiro. *Heavy metal*.

Ninguém pode sair de casa e dizer: "Hoje vou me apaixonar." A paixão é algo que nos prende, é puro sentimento, e um sentimento muito agradável, muito forte. É verdade, claro, que pode ser mais ou menos forte e mais ou menos gradual, desde a paixão instantânea dos filmes até a paixão progressiva por alguém que nunca lhe passaria pela cabeça, como a filha dos amigos dos seus pais que você reencontrou no casamento dos seus amigos.

E justamente por isso: porque é um sentimento que vai e vem.

Dá para perceber de longe quando você tem um filho e ele está apaixonado. Ele fica radiante, mais bonito e contente do que nunca, cantarolante, e até mais amável

DANÇANDO NA COZINHA

em casa. E não é preciso repetir as coisas vinte vezes. Ele está muito bem, empolgado... Mas notem que uma pessoa pode estar apaixonada e muito feliz sem ser correspondida. Chegará o dia da tristeza, quando a suposta namorada disser "não", e então ele se afundará na miséria. A paixão é um sentimento pessoal: eu me sinto bem, pleno, contente, feliz, porque, sem precisar fazer nada, veio-me um sentimento espetacular, uma explosão hormonal, algo significativo.

Mas ela precisa ser avaliada pela cabeça, esse sentimento superagradável precisa ser refletido: é conveniente para mim? Fico apenas com o sentimento enquanto ele durar? Ou me esforço para que esse amor que começou vá além?

Costumo dizer aos jovens que não é bom se casar apaixonado e, ao mesmo tempo, digo-lhes que é preciso estar sempre super apaixonado para se casar... Isso os deixa desconcertados.

É preciso estar apaixonado, mas não bobo! A fase inicial da paixão limita a nossa percepção da realidade; só enxergamos as coisas boas do outro, é difícil raciocinar, ficamos cegos! Falta tempo para parar e pensar. Cuidado com essa fase inicial da paixão, que tantas vezes nos cega. Podemos tomar decisões das quais logo nos arrependeremos, e o ambiente não facilita as decisões racionais. Vejamos como as séries e filmes funcionam atualmente: duas pessoas se esbarram por acaso um dia, ou trocam olhares diante da máquina de café do escritório, marcam um jantar, têm uma apaixonada noite de sexo e só no dia seguinte, talvez, começam a se conhecer ... As coisas são quase sempre retratadas dessa maneira, e os jovens acreditam que isso é normal: primeiro os amassos, depois a gente vê o que faz... No entanto, é imprescindível parar e pensar. *Calma*, fique tranquilo... sem pular etapas.

Isso quer dizer que vamos tomar as nossas decisões movidos exclusivamente pela razão? Mas o amor não é algo que está no campo dos sentimentos, não é uma questão de emoção? Não devemos tomar decisões movidos exclusivamente pelo coração, mas também não devemos decidir movidos exclusivamente pela razão. Quando *só* tomamos decisões movidos pelos sentimentos, somos eternos adolescentes, como o meu amigo Luís, mas, quando usamos somente a razão, somos chatos e desagradáveis. Imagina você abrir um arquivo no Excel e começar a listar as virtudes e defeitos dos seus amigos para decidir com quem vai se casar? Seria ridículo. "O bem está mais próximo do coração do que da razão."

Para os leitores católicos: que eu saiba, não celebramos nenhuma festa que faça referência à razão de Jesus, e olha que ela é infinita. Mas temos uma grande devoção e carinho pelo Sagrado Coração de Jesus, no qual confiamos. Se você é católico, diga (se não for, pode dizer também): "Sagrado Coração de Jesus, em ti confio."

Dissemos que, em princípio, este livro era para casais, e presumimos, ou muitas vezes pensamos, que a fase da paixão já passou... Quem nos dera tê-la de volta, não é mesmo? Será que já passou? Agora só nos resta nos entediar e aguentar? Vamos ver.

Amor

A paixão mais racional, avaliada pela cabeça, dá lugar ao amor, e o amor é fruto da vontade, como já dissemos. E não vou cansar de repetir: amor é o outro, é *você*, e paixão sou *eu*. Eu te amo porque quero te fazer feliz. Por isso, repito, podemos nos comprometer a amar, mas não podemos nos comprometer a sentir.

DANÇANDO NA COZINHA

Nós nos casamos *para* nos amar, e não *porque* nos amamos — embora, é claro, amemos um ao outro.

A questão é fazer o outro feliz, e isso não é fácil. Exige vontade e, muitas vezes, esforço. Além disso, se nos casamos pela Igreja, comprometemo-nos diante de Deus a nos amar na riqueza e na pobreza, na saúde e na doença... mas não em um simples resfriado ou perna quebrada: nós nos comprometemos a nos amar até no caso de uma imensa depressão, de um câncer terminal ou de um acidente que desfigure o rosto de quem amamos... Cheios da grana ou sem um tostão, tenhamos filhos ou não, estejam os nossos filhos bem ou doentes, SEMPRE nos amaremos! E esse compromisso só é possível com a ajuda de Deus e com a vontade de *querer* fazer tudo isso, pois do ponto de vista exclusivamente sentimental é impossível.

É uma questão de compromisso. Sim, compromisso, essa coisa tão difícil de encontrar hoje em dia.

Mesmo que você não acredite em Deus, quando duas pessoas se amam, Deus está presente. Quando queremos fazer as coisas bem e nos esforçamos para isso, Deus está presente. Quando queremos o bem para a nossa família, quando desejamos paz em casa e no mundo, Deus está presente. Porque Deus é amor, creia você ou não. E, seja como for, acredite você ou não, Deus o ama e quer fazer você feliz.

Quando nos entregamos, a satisfação da entrega voluntária ao outro é incrível, e arrisco a dizer que é ainda maior quando as dificuldades são significativas. É nessas situações, nas dificuldades, que damos o melhor de nós mesmos e que, se quisermos, recebemos a graça do sacramento, a graça de Deus que satisfaz as nossas necessidades e nos ajuda a seguir em frente.

Pode parecer então que o amor seja somente sacrifício e esforço, que a atração e a paixão sejam fases superadas, coisa apenas para os jovens, e que nós, os mais velhos, já estamos em uma fase de amor maduro, aborrecido, sacrificado, e que simplesmente vamos levando, nos aguentando. Aquelas emoções já passaram, alguns até dizem que isso já não é amor, é respeito... Nada mais longe da realidade, e essa é a principal razão de ser deste livro: incentivar todos os casamentos a se reapaixonarem, a seguirem desfrutando um do outro por toda a vida.

A atração e a paixão não podem passar jamais. Temos de sempre nos reapaixonar, da mesma forma como nos reinventamos profissionalmente. Se nos dedicamos, a atração e a paixão retornam, e muito mais potentes. Vale a pena tentar.

Don José Pedro Manglano, em seu livro *Construir el amor*, afirma que "a paixão permite ver no início o que deve ser o fim". Essa época de alegria, de emoção, de puro sentimento agradável, deve ser o que viveremos ao longo da vida como casais.

O dia do nosso casamento não deve ser o melhor dia da nossa vida. Como diz Lucía Martínez Alcalde, deve ser "o primeiro dos melhores dias da nossa vida".

Você, que está me lendo, pensa: "Sim... Tudo muito bonito. Mas volte para a realidade, Pep, isso não é real, o dia a dia nos consome, os problemas surgem sem parar, os filhos nos absorvem e a vida está muito cara... Tudo isso que você está falando é um devaneio impossível. Gostaríamos que fosse assim, mas nem você acredita nisso." Repito: não só é possível como é necessário. Temos de nos reapaixonar a cada dia, e ambos devemos nos esforçar para isso. "Você ainda diz que 'ambos devemos nos esforçar'?", questiona você. "Meu marido me ignora, sequer olha para mim, o trabalho o enlouquece, e ele usa o tempo livre para praticar esportes com os amigos..." E nem vou falar do marido que gosta de caçar... "A nossa vida virou rotina, às vezes saímos para jantar, sempre

DANÇANDO NA COZINHA

com amigos, para não perder o costume, e assim vamos levando, sem mais."

O amor deve ser dado e recebido. Sim, é verdade que não é uma contrapartida: você me dá isso e eu te dou aquilo, você faz isso e eu faço aquilo. Não é uma troca de serviços, mas um dar-se cem por cento os dois, e, consequentemente, um receber para ambos. Para receber, no entanto, é preciso dar.

Não é possível que uma pessoa que um dia lhe pareceu tão atraente, pela qual você se apaixonou tão loucamente, e que, depois de conhecê-la a fundo e refletir, tornou-se a sua esposa, seja agora apenas a sua "companheira de viagem" ou "a mãe dos seus filhos", que as paixões sejam coisa do passado, ou, pior, que você acredite que a atração, a emoção ou o prazer só existam fora de casa...

Já foi dito que "amar não é olhar um para o outro; é olhar junto para a mesma direção" (Antoine de Saint-Exupéry). Com todo o respeito, e ainda que eu adore o *Pequeno Príncipe*, não concordo. No noivado, é bom, sim, que olhemos um ao outro abobados, que "gastemos" os olhos olhando um para o outro, mas depois, com o tempo, devemos ser como os trilhos do trem, ambos de mãos dadas olhando para a mesma direção. No entanto, se não olharmos um para o outro com frequência, como nos tempos em que éramos noivos e estávamos abobados, pode ser que levemos um susto e não nos reconheçamos no dia em que nos olharmos.

Você se lembra de quando viu o seu marido, a sua esposa pela primeira vez? Lembra-se daqueles momentos de atração? E de quando se apaixonou? Foi amor à primeira vista? Ou foi algo mais lento? O seu marido ou esposa era meio chato e você não gostava muito dele (a)? Ou você o (a) adorava, mas ele (a) não lhe dava bola? Pare um momento, feche os olhos, puxe pela memória... Com certeza é uma lembrança incrivelmente bela.

Bem, agora que você voltou à realidade, vamos conferir algumas histórias que me ajudam a explicar o tema da paixão e do amor, do sentimento e da vontade de amar, da atração e da paixão que devem sempre voltar e voltar.

Gosto muito da famosa história do teleférico para exemplificar essa ideia.

O teleférico

A vida é um teleférico. A história do amor também é um teleférico, um teleférico espetacular. Imagine os Pirineus, o Himalaia, o Colorado, os Andes e os Alpes somados, e um teleférico altíssimo, ultramoderno, com uma vista incrível. Estamos no verão, as montanhas e os vales são cinematográficos, um espetáculo, com toda a gama de tons de verde que você possa imaginar, lindo, incrível.

Quando chega à puberdade, à adolescência, você embarca no teleférico e decola: observa um vale após o outro: são fascinantes, lindos, inebriam... parece que todos o atraem. De repente, você encontra um vale de que gosta mais, parece ser "o" vale: lindo, imenso, verdejante, com um riacho, vacas, cavalos. Mas, quando começa a se apaixonar pelo vale, você chega à torre do teleférico no alto do penhasco e avista o vale seguinte: este, sim, é que me encanta! Uau! Este é o meu vale predileto, lindo, muito mais verde, com muita grama, muitas vacas, um riacho cristalino, abetos aos pés das montanhas e, sob esses abetos, uma casinha encantadora (estilo *Heidi*, para os mais velhos), com um alpendre e uma vista espetacular, uma cadeira de balanço... Consegue imaginar? Na frente da casa, toda a extensão do campo. Alucinante! Estou encantado! Me apaixonei! Que

DANÇANDO NA COZINHA

maravilha! Esse é para mim! Você desce do teleférico, pula de alegria, canta pelos prados e banha-se no rio de água gelada. Que bonito, como tudo é tão incrível! E você se senta na cadeira de balanço sob o alpendre e desfruta daquele momento, desfruta muito, é tudo tão lindo... Passam-se os dias e os meses, e você continua aproveitando muitíssimo. Tem muitas vacas, muitas. Grama, muita grama. E você continua a desfrutar. Os dias, as semanas e os meses vão se passando, e você está feliz, mas de repente... As vacas, perdoem-me a expressão, dão uma bela cagada. Emporcalham tudo... É cocô de vaca por todo lado, todo lado — é repugnante. A grama? Que grama, que nada! É mato em tudo que é canto, cheio de espinhos, esterco, lama, horrível, aff... Você se senta sob o alpendre e percebe que está caindo aos pedaços, dá uma batida na parede e caem várias tábuas. Quando chove, entra água por tudo que é buraco... Um desastre! Horrível! Que chateação... A cadeira de balanço está com uma perna quebrada, não balança, é uma porcaria... Como pude me apaixonar por este vale? Maldito vale! Eu te odeio! Não quero te ver nem pintado de ouro...

Então você se senta — não na cadeira de balanço, que está quebrada — acalma-se e começa a pensar (o mais importante, diante de qualquer situação, é parar e pensar), e percebe que pode tomar duas decisões:

PRIMEIRA DECISÃO: este vale é o melhor vale do mundo, é lindo, e, por tê-lo escolhido, vou me esforçar para viver nele, vale a pena. E você constrói um cercado para as vacas, limpa os cocôs e guarda-os para adubo, apara a grama, corta o mato, enverniza a casa e troca as tábuas quebradas. Chega a noite, você se senta na varanda, na cadeira de balanço (depois de arrumá-la, é claro), e olha para o vale, o seu vale. Ele é lindo, muito melhor, muitíssimo melhor do que no dia que você chegou. É incrível! Você está feliz e orgulhoso, mas não pode se acomodar, pois no dia seguinte, de novo e de novo, se você se distrair, o mato volta a crescer e os cocôs se espalham novamente.

Você está feliz, porque se esforçou. Agradece a Deus pelo que Ele lhe deu e por sua ajuda. Sem Ele não podemos fazer nada, ainda que acreditemos que fazemos tudo por nós mesmos, ainda que acreditemos que é mérito nosso. Sem Deus, não podemos nada. Com Deus, podemos tudo.

SEGUNDA DECISÃO: voltar ao teleférico. De lá de cima, o vale seguinte sempre parecerá mais verde, mais bonito...

Com o amor é a mesma coisa. Quando você se apaixona tudo é bonito, tudo é fácil. Com o tempo você precisa se esforçar, e, se trabalhar para valer, o amor não só volta a ser bonito como se torna extraordinário.

Muitos jovens me perguntam: quando se deve começar o esforço, o trabalho pelo relacionamento? A resposta é clara: em uma relação, temos de começar a trabalhar desde o primeiro minuto. Sim, é verdade que, quando você não é casado, você sempre pode voltar a embarcar no teleférico — sem problemas, é para isso que serve o namoro: para refletir, para se conhecerem melhor, para escolher. No entanto, quando você é casado, deve ter muito claro para si mesmo que é preciso trabalhar, e trabalhar muito, com muito entusiasmo. Não pode se acomodar. Se você se acomodar, as "cacas" lhe consumirão, tanto as das vacas quanto as dos bebês, e a grama crescerá sem parar e chegará um momento em que você não verá mais o seu parceiro, pois tudo em volta será um matagal. Mas, se você aparar a grama e cortar o mato, algo incrível

DANÇANDO NA COZINHA

acontecerá: você aproveitará enquanto trabalha (não sem esforço, é claro), e, quando vir o resultado, ficará maravilhado. É preciso desejar ser virtuoso, como dizia Aristóteles na obra *Ética a Nicômaco*, não se deve fazer o bem por obrigação. É preciso desfrutar do ato de fazer o bem (isso é ser virtuoso), e então seremos felizes, deixaremos felizes as pessoas que nos cercam e ajudaremos a melhorar o mundo.

Se todos apararmos e cuidarmos com amor do pedaço de grama que nos cabe, teremos um mundo fascinante. A grama recém-cortada é incrível, e, se você a regar depois do corte, nem te conto: o cheiro é encantador, o verde, deslumbrante. Vamos, homem! Anime-se, não se afunde no mato que o impede de ver o sol. Esforce-se, trabalhe, trabalhe para valer, peça ajuda ao Senhor. No dia que nos casamos, dissemos a Deus que estávamos dispostos a ser felizes e pedimos que nos ajudasse. Peça sempre: "Senhor, eu vou me esforçar. Ajude-me, preciso de ti." Peça com sinceridade e verá.

Se você é casado e está cansado de recolher as "cacas" e aparar a grama, pode pegar o teleférico novamente. Muitas pessoas fazem isso hoje em dia, mas você precisa estar ciente que de lá de cima o próximo vale sempre parecerá mais verde e a perspectiva sempre será diferente, mas quando você descer... Quando pisar aquela grama que, a princípio, lhe parecia tão verde... A do vale vizinho... Será a mesma coisa, a história se repetirá: ou você se esforça, ou será devorado. Além disso, você deve ter em mente que, quando embarca no teleférico porque não gosta do vale, porque não tem vontade de trabalhar nele, geralmente deixa o local em péssimas condições, coberto de mato e com as tábuas da casa danificadas...

Temos muitos amigos que se separaram e voltaram a subir no teleférico para descer no vale seguinte. Parece até que alguns compraram o "passe" de temporada, embarcando várias vezes seguidas. E mais de um já nos disse: "Se eu pudesse voltar no tempo, não teria me separado." É a mesma coisa." Ou nos esforçamos ou ficamos na mesma. Como diz Víctor Küppers (e essa frase realmente é dele): "Planta que não é regada, planta que morre." Com o amor acontece o mesmo. Se não cuidamos do amor, o amor vai para o brejo.

Cada situação é única, e a verdade é que muitíssimos casamentos passam por situações muito desagradáveis, muito difíceis. Há gramados e arbustos que são muito complicados de aparar, mas quantos casais, diante do menor obstáculo, não decidem jogar tudo para o alto? Pegue a pá, homem; corte a grama, mulher. Plante flores, cante, dance, ria, aproveite, e deixe o teleférico para a juventude.

O salto de paraquedas

Outra comparação que gosto de fazer é pensar no casamento como um salto de paraquedas, um salto de cinco mil pés de altura, com minutos de queda livre — algo espetacular. Um salto que dura toda a vida.

Você não pode simplesmente aparecer no centro de paraquedismo mais próximo e dizer à recepcionista: "Olá, bom dia. Vim pular de paraquedas e fazer uns saltos acrobáticos." Seria um absurdo. Para saltar, é preciso estar muito bem preparado, ter toda a situação muito clara em mente, fazer um bom curso, estar muito atento, não deixar nenhum detalhe ao acaso... "Bem, eu não dobrei muito bem o paraquedas, mas não tem problema... E quanto ao *slider*..." Que *slider*?

Quando dou esse exemplo nas minhas palestras para jovens, muitos dos quais vivem juntos, noivos ou não, eles comentam que esse exemplo não serve, porque, antes de saltar sozinho, você precisa ter saltado muitas vezes com um instrutor, no chamado "salto duplo". Por isso — argumentam —, antes de se casar, é preciso experimentar com outras pessoas, "para o caso de não funcionar". Não funcionar o quê? Bem, esse é um tema para outro livro. Voltemos ao salto de paraquedas.

Para saltar, é preciso se preparar muito bem. Para casar, também. Uma vez que esteja preparado e devidamente equipado, a porta do avião é aberta a 4.500 pés de altitude e quem salta é você. Ou você salta ou não salta. Você pode ter feito mil saltos duplos, mas sozinho? Sozinho, é a primeira vez, e você salta... Se estiver bem preparado e seguro do que está fazendo, você está pronto para desfrutar da experiência, e, uau!, é incrível, impressionante, acrobacias para lá e para cá... Posso abrir o paraquedas ou esperar um pouquinho, está tudo sob controle... Tenho um paraquedas de emergência caso algo dê errado, mas está tudo sob controle, vamos aproveitar.

Agora, se você não estiver preparado, se não compreender claramente como funcionam todos os detalhes, se o salto for mais um empurrão para o qual você não estava muito disposto e não teve coragem de dizer não... Prepare-se para passar apuros... Para não dizer coisa pior. Você vai passar maus bocados.

Quando você salta e está no ar, curtindo ou não, pode fazer o que quiser durante o tempo da queda livre: apreciar a paisagem (não sei você estará muito interessado na paisagem no primeiro salto), fazer piruetas, se já domina o assunto; depois, pode abrir o paraquedas ou deixar que se abra automaticamente, pode rezar se as coisas não estiverem indo bem ou pode puxar o pino para abrir o paraquedas de emergência, mas há uma coisa que você não pode fazer... uma coisa impossível... Você *não* pode voltar para o avião. Não pode. O avião foi embora, e lá está você, com a sua formação, a sua capacidade, a sua coragem, vivenciando aquela experiência.

O dia do nosso casamento e o momento do consentimento foram o instante em que a porta do avião se abriu e nós pulamos. Nem antes, nem depois: naquele preciso instante. E aí estamos nós, desfrutando toda a vida, não sem dias e até temporadas de sofrimento, de momentos difíceis, com aquele paraquedas que custa a abrir, com aquelas rajadas de vento que nos jogam para lá e para cá… Mil e um acontecimentos da vida nos perturbam, mas temos tudo sob controle, ou assim nos parece. Temos vários paraquedas e sabemos como funcionam: a fé, a família, os amigos, o fato de nos conhecermos bem um ao outro, o fato de termos conversado sobre muitas coisas… Nós nos preparamos bem, estamos tranquilos e aproveitaremos toda a vida do salto, ou não quero nem pensar nisso.

Se você pular, se você se casar sem estar preparado — porque lhe pressionaram, porque "todo mundo se casa", ou pensando "vamos ver no que vai dar", e não tiver certeza do que está fazendo, agarre-se com firmeza, não sei onde, onde conseguir… Porque você realmente vai passar bons apuros.

Estamos falando de casamento. Não podemos voltar ao avião, a aeronave já foi embora, e aqui estamos. Vamos nos virar nos trinta com o que pudermos para que o nosso salto de toda a vida seja o mais feliz possível. Vamos aproveitar!

CASAMENTOS ALEGRES

Prazer, felicidade, alegria

Tenho grande interesse em falar desses conceitos, pois são aspectos que atualmente se confundem e são muito importantes para a vida de qualquer casamento.

Prazer

O que é o prazer?

Segundo a Real Academia Espanhola (RAE), a definição de prazer é: "Gozo ou deleite físico ou espiritual produzido pela realização ou percepção de algo agradável ou considerado bom."

Poderíamos dizer que o prazer é a experiência que vivemos quando satisfazemos uma necessidade ou desejo.

O prazer sempre esteve presente na história da humanidade. Sem dúvida trata-se de algo bom e desejável. Sem prazer, esta vida seria insuportável. É um presente que tantas vezes, ao longo do dia, pode nos passar despercebido. Há tantas coisas que são prazerosas, e variados tipos de prazer. Coisas simples que satisfazem os nossos sentidos: tenho sede e bebo um copo de água — e, se a água estiver fresquinha, o prazer se multiplica. Isso para não falar de quando está calor e você toma uma cerveja (se gostar) bem gelada, bem tirada, com aquele primeiro gole espetacular... E a primeira blusa que você veste no outono, e o primeiro banho do verão... E comer, gosto muito de comer, é um prazer, mas não vou me alongar, pois sofro de gota... Se faz frio, sentir calor; se faz calor,

DANÇANDO NA COZINHA

sentir o frescor de uma boa sombra... Pequenas coisas que tantas vezes não valorizamos. E não só deixamos de prestar atenção nelas como ainda reclamamos. Como somos ingratos!

No Natal, sempre volta às redes sociais um vídeo publicitário que me encanta. Começa com um casal na cama, embrulhado em papel de presente. O marido rasga o seu próprio papel e vê ao seu lado, também embrulhada em papel de presente, a sua mulher, e se emociona. A própria cama está embrulhada. Que presente, uma cama macia... Ele vai tomar banho, e na torneira há um laço de presente... Ele fica fascinado, abrindo pacotes e mais pacotes, que são simplesmente as coisas que temos todos os dias (aqueles de nós que temos a sorte de tê-las)... O desjejum, torradas fresquinhas e crocantes, o café, poder ligar e desligar a luz, o carro, o trabalho, o passeio... Uma infinidade de pequenos e grandes prazeres de que desfrutamos desde o momento em que nos levantamos até a hora de dormir... Essa visão de todas as coisas como um presente é indispensável para se aproveitar a vida. Não é necessário ter, ter, ter, comprar, comprar, comprar, ir, ir, ir. O que é necessário é DESFRUTAR, desfrutar do que temos, seja pouco ou muito. Se você está lendo este livro, com certeza tem muitas, muitíssimas coisas de que desfrutar todos os dias e pelas quais dar graças a Deus.

Mas voltemos ao prazer, porque já me empolguei... Existem os prazeres dos sentidos, como os que comentamos, e outros um pouco mais profundos, ou, segundo a definição, mais espirituais, como ler um bom livro, ter uma boa conversa, escutar música, contemplar um entardecer, assistir a um bom filme e tantas outras coisas que nos acontecem todos os dias e nos trazem satisfação.

No entanto, os prazeres têm dois problemas importantes:

1. Duram pouco. Duram o tempo que dura o estímulo que os provoca.

2. De forma coloquial, poderíamos dizer que, em excesso ou fora de lugar, são ruins. "O que é bom engorda ou é pecado."

Você toma um bom gim tônica, e é um prazer. Toma dois, também. Toma vinte e dois, e precisam te levar ao hospital. Come uma feijoada, e é uma delícia. Come oito quilos de feijoada, e você morre. Ouvir uma boa sinfonia, como a nona de Beethoven, é um prazer, mas no volume máximo é uma tortura... Você pode se apaixonar pela vizinha do terceiro andar, porque ela é lindíssima, pode ser infiel à sua mulher e possivelmente terá um bom momento de prazer, mas essa paixão fora de lugar, que não é avaliada pela cabeça, vai destruir a sua vida — e não só a sua, mas a da sua família e possivelmente a da vizinha. É um sentimento que não se controla, que pode vir até você, claro, por isso é um sentimento. Mas a cabeça, a inteligência lhe dirá: "Esqueça!" E, com força de vontade, você rejeitará a situação.

Os prazeres são bons, indispensáveis, mas duram pouco, duram o que duram. Em excesso, ou fora de lugar, costumam ser fatais. O que podemos fazer para que os prazeres durem? Todos queremos que as coisas que nos agradam não acabem nunca. É nesse momento que falamos, falamos e falamos de felicidade. Todos queremos ser felizes.

A felicidade

Antes de saber algo mais sobre a felicidade, pense um pouco: o que é a felicidade para você? Já parou para pensar? Há tantas definições...

O que é a felicidade?

DANÇANDO NA COZINHA

Segundo a RAE, a felicidade é um estado de grata satisfação física e espiritual.

Um *estado*, não tanto um *sentimento*. Isso dá o que pensar...

Eu poderia pegar textos, opiniões e definições sobre a felicidade de mil e um autores e parecer muito profissional, mas não vou fazer isso.

Para mim, a felicidade é *amar e ser amado*. Simples assim, complicado assim. Não só amar... Muita gente diz: "No casamento, é preciso amar sem esperar nada em troca." De jeito nenhum! Não é certo. Ninguém é feliz dando sem receber. Mas não é uma troca, não é um "você me dá e eu te dou", ou "vou te dar de acordo com o que você me der"... O amor é um "entrar de cabeça". Para ser feliz é preciso se doar, doar-se sem condições, mas, para ser *realmente* feliz, é preciso dar e receber amor. Se você não dá, não recebe, e, se recebe sem dar, me desculpe, você é egoísta.

A única coisa sobre a qual podemos sustentar a nossa felicidade é o amor, pois o amor não tem limites, não há um limite de amor, sempre se pode amar mais e melhor. No entanto, se alguém ama muito, mas não recebe amor, é infeliz.

Pense em um vovô na melhor casa de repouso da cidade, muito bem cuidado, que ama loucamente a sua família e não para de falar dela para os seus cuidadores e o seu vizinho de sofá. Diz que a sua filha é a melhor do mundo, que a sua neta tirou a melhor nota em não sei qual universidade, que é louco por eles, apaixonado. Mas, se a família nunca o visita, esse pobre homem, mesmo amando-a com fervor, não poderá ser feliz.

A felicidade está em dar e receber. A felicidade me ajuda a crer em Deus. No ser humano, o desejo de felicidade é infinito, e é preciso ter muito claro que neste mundo nunca saciaremos a nossa ânsia de felicidade, sempre vamos querer mais e mais. O motivo disso é que fomos criados para uma felicidade eterna, e essa felicidade só alcançaremos no Céu, na VIDA com maiúsculas, na vida eterna. Por isso, nós, os crentes, devemos estar sempre felizes pelo simples fato de acreditarmos nessa vida de felicidade eterna. São Paulo já dizia que "vã é a nossa fé se Cristo não ressuscitou" (1 Cor 15), e somente com essa esperança, com essa fé na vida eterna de felicidade sem fim, poderemos viver felizes e alegres neste mundo, onde todos sabemos que, como diz o meu cunhado Joan, "hoje você está em cima e amanhã está embaixo".

Saber aproveitar as coisas boas e contornar as ruins da melhor forma possível.

Poderíamos dizer que, de alguma forma, a felicidade é como o amor: devemos nos esforçar para conquistá-la. Desde a Antiguidade, muitos pensadores relacionaram a felicidade com a sabedoria, com o conhecimento — o sábio sabe desfrutar das coisas. Gosto da definição de Santo Agostinho: "A felicidade consiste em seguir desejando o que já se tem" (eu disse que não citaria eruditos, mas Santo Agostinho merece).

Sou fanático por motores, por tudo que tenha rodas, especialmente carros clássicos e antigos. Nos encontros de colecionadores, principalmente de automóveis, respira-se um ambiente de insatisfação. Todos querem sempre mais. Quando você tem um modelo, já quer outro, e, quando consegue esse outro, já quer mais outro.

Se há algo que me encanta nesse mundo, é a pequena garagem de madeira com um único e reluzente veículo e um proprietário, geralmente mais velho, que tem grande prazer em compartilhar os seus conhecimentos sobre motores, especificamente sobre a sua "peça". "Seguir desejando o que já se tem." Não vamos comparar o casamento aos colecionadores de carros, mas poderíamos

DANÇANDO NA COZINHA

dizer, parafraseando Santo Agostinho, que a felicidade no casamento consiste em saber desfrutar cada dia mais do que já temos. Como diz Carlos Andreu, "depois da lua de mel, é preciso pôr mel na lua". É preciso saber desfrutar do casamento, sempre, e ter muito claro que haverá dias melhores e piores, mas que o desejo de amar, fruto da vontade, nos levará a ser muito felizes sempre (não sem algum esforço). Devemos aproveitar ao máximo os dias bons, e, nos dias ruins, ir para a cama mais cedo.

Atualmente, há uma grande confusão: confunde-se o prazer com a felicidade, assim como se confunde a paixão com o amor.

A sociedade afirma: "Compre tal coisa e você será feliz", "consuma aquela outra e se sentirá feliz". Essas coisas, esses produtos, podem nos dar prazer, isso está claro, e está tudo bem, mas traz felicidade? A felicidade é outra coisa. Preocupamo-nos mais em buscar o prazer, que, como já dissemos, precisa ser renovado constantemente, do que em buscar uma felicidade profunda e verdadeira, conhecendo os seus limites terrenos.

De qualquer forma, a felicidade, como o amor, precisa de alguém. O ser humano não pode ser feliz na solidão: precisa compartilhar, comunicar, desfrutar, amar... a Deus e aos demais.

Passei rapidamente pelo tema da felicidade porque vamos desenvolvê-lo um pouco mais, a seguir. Agora, gostaria de falar de um conceito importante e muito necessário na sociedade atual: a alegria.

A alegria

O que é a alegria?

O Papa Francisco não para de falar da alegria. Nas três primeiras exortações apostólicas (cartas que o Papa envia para toda a Igreja) que escreveu, ele fala da alegria já no título: *Evangelii Gaudium* (A alegria do Evangelho, novembro de 2013), *Amores laetitia* (A alegria do amor, março de 2016) e *Gaudete et exsultate* (Alegrai-vos e exultai, março de 2018). A alegria é fundamental em nosso mundo; a nossa sociedade precisa de pessoas alegres.

Em seu livro *La vida lograda*, Alejandro Llano afirma que a alegria não é uma atitude diferente do amor. "Se lanço um olhar sobre as minhas experiências de vida, sobre tudo o que vivi até agora, constato que, geralmente, as situações de especial entusiasmo e alegria não estavam vinculadas a períodos de conforto material e prosperidade exterior. Coincidiam, isso sim, com as épocas em que um ideal — encarnado em uma pessoa, um projeto, um chamado — recrutava as minhas melhores energias. Sentia-me como se estivesse fora de mim, entusiasmado."

De acordo com a RAE, a alegria é um sentimento grato e vivo que costuma se manifestar com sinais externos.

A alegria proporciona muita satisfação, à própria pessoa e aos que estão em volta; é um forte sentimento que tem três características principais: é sempre intenso; vem até você; e se manifesta e se comunica, ainda que você não queira.

Como já vimos, podemos sentir prazer por meio de muitos estímulos. Podemos desfrutar desses prazeres, regulá-los, amar e ser feliz... mas a alegria, a alegria vem até você. Também é provocada por um estímulo, mas, geralmente, as suas causas exigem mais esforço, mais dedicação, mais interesse. A alegria é, muitas vezes, mais intensa do que o prazer e dura mais do que o estímulo que a provoca.

A característica principal da alegria é que ela se transmite, contagia, não pode ser disfarçada e se manifesta com sinais externos.

DANÇANDO NA COZINHA

É impossível que alguém esteja feliz não dê na vista. Quando o seu time de futebol (sem mencionar nomes) faz cinco gols sobre o time rival... Bem, isso é perceptível: aquele sorriso que lhe escapa, aquele "vamos!" com os punhos fechados, aquele grito que o nosso filho Jaime dá e que ressoa pela casa...

Não conheço ninguém que, depois de passar cinco anos se preparando para um concurso público, seja aprovado e faça uma cara igual à do mês anterior ao exame e, com uma voz séria e automática, diga: "Sim, finalmente passei no concurso. Estou muito alegre." Não, não. Os pulos, o sorriso, até os gritos e a dança são percebidos por todo o bairro. A alegria transborda, contagia, é perceptível. Uma maravilha.

Mas a alegria vem até você? Do mesmo jeito que a paixão? É simplesmente algo que acontece? É um sentimento que desce sobre você como um banho de água fresca em uma tarde de calor intenso? Não posso fazer nada para ficar alegre? Sim, você pode. Pode se colocar na situação de estar alegre, pode provocar a alegria, buscar a alegria. Porque a alegria não precisa ser sempre uma estrondosa gargalhada.

O Papa Francisco diz que a alegria cristã é como a "respiração do cristão", porque "um cristão que não é alegre no coração não é um bom cristão". Diz o pontífice: "a alegria não é algo que se compra ou que pode ser obtido através do esforço: não, é um fruto do Espírito Santo". Há alegria cristã quando estamos em uma "tensão entre a lembrança da regeneração, como diz São Pedro, de que fomos salvos por Jesus, e a esperança daquilo que nos aguarda. (...) Quando uma pessoa está nessa tensão, está feliz." Mas o Papa adverte: "Se esquecermos o que o Senhor fez por nós, ou seja, dar a vida, regenerar-nos — é forte a palavra 'regenerar', é uma nova criação, como diz a liturgia — e não olharmos aquilo que nos espera, isto é, o encontro com Jesus Cristo, se não tivermos memória desse encontro, não teremos esperança e não poderemos ter alegria". Talvez abramos alguns sorrisos, sim, mas alegria, não.

O Papa diz ainda que "não se pode viver de modo cristão sem alegria, pelo menos não em seu primeiro grau, que é a paz". De fato, "o primeiro degrau da alegria é a paz: sim, quando sobrevêm as provações, como diz São Pedro, nós sofremos, mas descemos e encontramos a paz, aquela paz que ninguém pode nos tirar". Eis aqui — porque o cristão é um homem, uma mulher de alegria — um homem, uma mulher de consolo: saber viver o consolo da memória de ter sido regenerado e o consolo da esperança do encontro com Jesus Cristo. O cristão pode estar sempre alegre, com uma alegria muito maior do que a alegria das risadas bobas. O cristão, como diz o Papa, é capaz de estar alegre mesmo em momentos difíceis. E com uma alegria autêntica.

"A alegria não consiste em viver de gargalhada em gargalhada. Não, não é isso. Também não consiste em se divertir. É outra coisa. A alegria cristã é a paz, a paz que há nas raízes, a paz do coração, a paz que só Deus pode nos dar: essa é a alegria cristã."

Mas e a alegria no casamento?

Devemos ser casais alegres, que contagiem toda a sociedade com alegria. A alegria do casamento.

O marido chega em casa e dá de cara com um gerador elétrico na cozinha, com quatro lâmpadas de 3 mil watts ligadas. Espantado, coloca óculos de sol para proteger os olhos e vê a sua esposa com um vestido de bolinhas, pente e grampos no cabelo, cantando e dançando loucamente em cima da mesa.

Então, preocupado, o marido pergunta:

— Querida, o que está acontecendo? Você está bem?

DANÇANDO NA COZINHA

Ao que a esposa responde:

— Eu bem que disse ao padre que você não acharia nada divertido encontrar uma casa iluminada e alegre.

O que podemos fazer para sermos casais alegres? Não se trata de usar lâmpadas fortíssimas ou trajes de flamenco... Tenho uma regra mnemotécnica para lembrar e ter sempre em mente a necessidade de ser um casal alegre:

— Olhar
— Admirar
— Deixar de olhar para si mesmo
— Permitir-se ser olhado

Vamos desenvolver.

O QUE FAZER PARA TERMOS CASAMENTOS ALEGRES?

Olhar

Os cinco sentidos — os cinco — em seu marido, em sua mulher.

A visão

Olhemos um ao outro!

Que ele te pegue olhando-o, que ela te pegue olhando-a!

Se você, leitor, leitora, está com a sua mulher ou marido ao lado, abandone o livro por um momento e olhe fixamente para o seu cônjuge. Não diga nada. Ele ou ela certamente perceberá. Não sei que tipo de "sensor" as pessoas têm, mas somos capazes de perceber quando alguém nos olha fixamente, mesmo se estiver fora do nosso campo de visão. Ele (ou ela) não demorará muito para notar, e dirá:

— O que está olhando?

Você responde:

— Estou olhando você.

— Por quê?

— Porque gosto, porque me encanta…

Nós olhamos pouco uns para os outros, não contemplamos o rosto um do outro, os olhos... Repare: só olhamos um ao outro quando nos sentamos a uma mesa pequena e frente a frente. Por isso é tão importante dar algumas escapadas para jantar ou tomar algo, só os dois, frente a

DANÇANDO NA COZINHA

frente. Quando estamos sentados à mesa em casa, se temos filhos ou os pais morando conosco, não olhamos um ao outro. Quando nos sentamos no sofá para ver uma série ou para ler, sentamo-nos de lado. Quando passeamos, ainda que estejamos de mãos dadas ou abraçados pela cintura, caminhamos de lado. No carro, podemos até conversar muito, mas sempre olhando para a estrada. Até quando fazemos sexo, apagamos a luz e não vemos o rosto do nosso amor. Precisamos olhar mais para quem amamos. Quanto mais olharmos, mais gostaremos um do outro. Olhe para ele, olhe para ela! Deixe que percebam!

Hoje em dia, todos levamos no bolso um celular com câmeras fantásticas, e é muito bom tirar fotos de nós mesmos, sim, sim, fazer aquela *selfie*, usar o modo retrato, fazer quantas fotos quisermos, pois agora não usamos mais filmes (os jovens não saberão o que é um filme...), pois, ao tirar fotos de nós mesmos, escolhemos o nosso melhor ângulo, ficamos olhando a nossa imagem e gostamos do que vemos. O problema é que, normalmente, e muito mais com as mulheres, é raro gostarmos das fotos que tiramos e sempre apagamos a maior parte delas. Eu adoro tirar fotos com o celular, diria até que sou um pouco chato, mas fico sob a mira da minha mulher, porque, com essa mania de ampliar a foto até o infinito, sempre aparece uma ruguinha que não a agrada, e a foto vai para a lixeira.

Você já rezou olhando uma foto do seu cônjuge? Experimente, é incrível!

O olfato

Você saberia reconhecer, apenas com o olfato, o seu marido, a sua mulher?

Sabe qual perfume ele ou ela usa?

Conseguiria entrar agora mesmo em uma perfumaria, sem passar antes pelo banheiro de casa, e comprar o perfume predileto do seu marido ou da sua esposa?

Você sempre usa perfume, ou apenas nos dias de festa?

Já disse a ele ou ela que aquele perfume lhe agrada, e pediu que o use mais vezes?

Detalhes, detalhes e mais detalhes que nos unem!

Vá ao banheiro — agora! — e veja qual é o perfume do seu marido, da sua mulher!

A audição

Poderíamos escrever um livro inteiro sobre ouvir, falar e escutar. Todos que fizeram algum Curso de Orientação Familiar (COF) sabem que a falta de comunicação no casamento é o principal problema. E, mesmo que você nunca tenha participado de um COF — aliás, incentivo-o a participar — certamente sabe o quanto a comunicação é importante.

"Entre o que penso, o que quero dizer, o que creio que digo, o que digo, o que você quer ouvir, o que você realmente ouve, o que crê entender, o que quer entender e o que realmente entende, temos um longo caminho para nos comunicar."

Para variar, isso é um pouco exagerado, mas está claro que é preciso falar e ouvir muito. Tenho certeza de que esse é um dos temas mais importantes para um casal.

Nós, homens, habitualmente somos muito ruins nesse aspecto — tá certo, sem generalizações. Dizem que os homens, ao contrário das mulheres, não conseguem fazer duas coisas ao mesmo tempo, mas não é verdade. Nós conseguimos. Sabemos, por exemplo, ficar com o computador, o celular e o *tablet* na mão e não dar ouvidos à nossa mulher. É algo que sabemos

DANÇANDO NA COZINHA

fazer simultaneamente, mas algo ruim. Que desastre. Temos de prestar mais atenção, temos de falar e escutar ativamente, olhando um ao outro nos olhos, como dissemos, e mostrando interesse. Um interesse genuíno, dando toda a atenção.

Sempre se fala da importância de se reservar um momento do dia ou da semana para falar da relação, mas isso não funciona para nós, pois, no dia combinado para falar, para *realmente* falar, nós nunca falamos. Acabamos conversando sobre tudo, menos sobre nós, e o que devemos fazer, como lembra o Papa em *Amoris laetitia*, é criar uma "cultura de falar". É evidente que temos de falar muito de nós, do nosso casamento, das nossas coisas... mas como vamos falar de nós, se não estamos acostumados? O que nós, os casais, devemos fazer é falar de tudo, ter o hábito de falar. Dessa forma, será mais fácil falar dos assuntos importantes. Sem dúvida, muitas vezes falamos de inúmeras coisas, mas, geralmente, o assunto principal são os filhos. Podemos estar acostumados a falar, mas nos custa falar do nosso próprio casamento. É sempre mais fácil falar do cunhado ou do trabalho do que de nós mesmos. Temos de nos esforçar para falar e saber escutar as coisas realmente importantes: "Como você está?", "como se sente?" E as perguntas para avaliação, sabendo que as respostas provavelmente não serão do nosso agrado, devem ser: em que eu poderia melhorar? O que há em mim que você não gosta? A resposta precisa ser sempre sincera, mas — cuidado! — amorosa. Se uma pessoa foi valente para fazer essas perguntas, não podemos soltar os cachorros em cima dela...

Com carinho e tranquilidade, devemos poder falar de tudo, e sempre. Tenha cuidado, pois os temas filhos e trabalho sempre se impõem. Não é fácil. É evidente que há momentos em que esses assuntos nos ocupam e nos preocupam mais, mas devemos ser capazes de abstrair e falar de nós, quando seja necessário e quando o ambiente e a intimidade permitirem. Também não precisamos ficar obcecados, como se fosse um Conselho de Administração, nem ter uma "pauta" para a reunião. Como sempre, a conversa deve ocorrer com naturalidade, bom senso e amor; acima de tudo, com amor, o verdadeiro amor.

O tato

Senhores, é preciso se abraçar!, como diz Marian Rojas: abraços de oito segundos. Ela dá uma explicação fisiológica e hormonal para isso, mas eu prefiro dez segundos, para deixar claro que devem ser abraços demorados e, muitas vezes, silenciosos. Não precisamos dizer nada. Abraçamo-nos, apertamo-nos e pronto. E que os filhos nos vejam, não importa a idade que tenham.

Em uma família, é indispensável que os filhos e netos vejam que os seus pais ou avós se amam. É comum que, quando são pequenos, eles comecem a rir e até tentem nos separar, "ha ha ha, mamãe é só minha", mas o primeiro princípio para educar filhos felizes é que os pais se amem e que os filhos possam perceber, sentir, observar isso.

Considero a questão dos abraços muito importante, aliás, se neste momento você tiver a oportunidade — sim, sim, bem agora, como já fizemos outras vezes —, largue este livro e dê um bom abraço no seu marido, na sua mulher. Você pode voltar à leitura amanhã.

E aí? Como foi o abraço? Certamente fenomenal. Os abraços sempre funcionam.

Se vocês estiverem passando por um momento difícil, ou por dias mais tensos, com problemas relativamente importantes que os estão distanciando um do outro, ou até se estiverem péssimos, podem propor um ao outro

DANÇANDO NA COZINHA

a "terapia do abraço". Um abraço demorado de manhã, antes de sair da cama, e outro demorado à tarde, ao chegar do trabalho. Como já dissemos, abraços silenciosos, sem dizer nada. É bom comentar: "Mesmo que estejamos mal e você não tenha vontade, o que acha de nos darmos um longo abraço de manhã e à tarde?" O outro pode facilmente pensar que você perdeu a cabeça, mas esse é um remédio simples, desses caseiros, que tantas vezes são os mais eficazes. Vocês realmente poderiam tentar.

No primeiro abraço, sem que ninguém ouça, conte o tempo internamente, dez segundos. No segundo e terceiro, também. Depois de alguns abraços, você já terá o tempo sob controle. Tentem! E, lembre-se: não é preciso dizer nada, apenas fechar os olhos e abraçar forte. Sinta isso. É incrível!

Temos de nos acariciar, beijar, e agora vou dar uma mãozinha para os maridos: temos de ter muitas relações sexuais. As relações sexuais unem o casal, são indispensáveis. Falaremos de sexualidade em um capítulo mais para a frente, isso é apenas para começar a esquentar os motores.

O paladar

Que cada um use a criatividade e aplique o paladar como quiser, porque, de fato, essa coisa de casamento é uma delícia.

Repassados os cinco sentidos, vamos falar de outra coisa fundamental no casamento: a admiração. Não existe amor sem uma verdadeira admiração pela pessoa amada.

Admirar

Devemos colocar o nosso marido, a nossa mulher, em um pedestal, e nunca criticá-lo (a). Precisamos estar atentos, porque, muitas vezes, fazemos isso sem querer. Contamos coisas que não deveríamos aos nossos amigos ou comentamos situações do nosso casamento que não deveríamos mencionar aos nossos pais, sogros ou outras pessoas. Os nossos assuntos devem ser discutidos entre nós, e apenas comentá-los, no caso de sermos crentes, com o nosso diretor espiritual, com o nosso confessor ou com um psicólogo, se fizermos terapia.

Do dia do nosso casamento em diante, os melhores macarrões são os da nossa casa, os nossos, mesmo que não sejam realmente os melhores. É claro que viemos de ambientes familiares diferentes, mas devemos promover um ambiente familiar próprio — o nosso.

Chocolate em pó: um ambiente familiar próprio

Não sei se vocês se lembram das primeiras compras de mercado depois que se casaram. As compras sempre geram situações curiosas que, às vezes, podem provocar discussão, mas, na maioria dos casos, são motivo de riso. Pelo menos eu me lembro delas com muita alegria. Você chega da lua de mel (caso tenha feito a sua), a geladeira está vazia e vocês vão ao mercado todo entusiasmados. Quantos caprichos naquelas primeiras compras! Caminhando pelos corredores, vocês chegam à seção de chocolates em pó e, sem perceber, um pega um pote de Nescau e outro de Toddy. Vocês se olham surpresos, e um diz:

— Vamos de Nescau, não?

DANÇANDO NA COZINHA

— Não! Toddy é muito melhor, mais fácil de preparar. Com mais leite ou menos leite, quente ou frio, o Toddy sempre se dissolve.

— É sério que eu ouvi isso? O Nescau é muito melhor! Tem muito mais sabor de chocolate, e, além disso, eu adoro aquela crostazinha que fica em cima.

— Não, não. Nem de brincadeira. Você pega um copo de leite gelado, coloca três colheres de Nescau e não há quem dissolva aquilo. E, se o pó ficar preso na sua garganta, você pode parar no hospital. Terão de fazer uma traqueostomia em você. Ha ha ha!

— Nescau tem um segredo: primeiro você coloca pouco leite, aí você coloca o pó, bate forte, e depois adiciona mais leite. É para isso que inventaram o mixer. Ha ha ha!

Nescau? Toddy?

Tanto faz!

Vamos comprar os dois para o resto da vida? Seremos uma família Nescau ou uma família Toddy?

Poderíamos mencionar mil situações como essa. A toalha deve ser pendurada assim ou assado? A roupa suja fica no chão ou no cesto? Podemos colocar os pés na mesinha da sala enquanto assistimos a um filme ou não?

Todos nos casamos com uma bagagem, cada um tem os seus hábitos, as suas próprias tradições, pois a nossa formação, o que vivemos, como vivemos, os *inputs* que recebemos da nossa família desde antes de nascer até os doze anos (até o início da adolescência e um pouco mais), marcam-nos para toda a vida.

É importante ter isso muito claro: precisamos criar um ambiente familiar próprio, e, na verdade, nós o criamos, queiramos ou não. Reparem: eu, o marido, tenho os costumes da minha casa, a minha mulher tem os costumes da casa dela, mas os filhos terão os costumes do nosso lar, as nossas coisas, o nosso ambiente — melhor ou pior, mas único. Nosso. É muito bonito pensar nisso. Por isso temos de promover esse ambiente familiar. Tudo bem se, na sua casa, os seus queridos pais faziam as coisas de certa maneira, mas agora como são feitas? São feitas da forma que agradar ao outro, o seu marido, a sua mulher. "Será que devo ceder?" Não é ceder: é amar.

Depois que nos casamos, é fundamental pensar em nosso ambiente familiar, o nosso, o novo, e ter claro que é o próprio do nosso lar, o melhor, porque é o nosso e não há outro igual.

Certa vez, um casal compartilhou comigo uma experiência que pode ser útil para nós. Na maioria dos lares cristãos onde existe o hábito de rezar, abençoa-se a comida, vai-se à igreja… Geralmente é um dos dois que assume a liderança e toma a iniciativa: "vamos rezar", "vamos à missa"… Acontece que, na casa da noiva, quem tomava a "iniciativa cristã", digamos assim, era sempre o pai, e, na casa do noivo, a mãe. Quando se casaram, o noivo esperava que fosse ela a começar as orações, e ela esperava que fosse o noivo. Um esperava pelo outro, e, enquanto isso, "ninguém varria a casa"[1]. Por aí se vê que temos de falar das coisas, de como faremos certas coisas, como nos organizaremos: "eu gostaria que fizéssemos essa coisa da seguinte maneira", "não gosto da forma como faziam isso na sua casa". É certo que esses temas precisam ser conversados no noivado, mas também é certo que muitas coisas só se revelam depois que você as vive, e por isso é tão importante conversar sobre tudo, e sempre, e muito.

Já falamos muito da importância de falar (perdão pela redundância). Agora estamos comentando sobre a bagagem que cada um traz para o casamento. Isso não quer dizer que tenhamos de mudar. De fato, nunca se

---

1 No original, "la casa sin barrer", ditado espanhol, sem equivalente no português, que exprime a ideia de uma tarefa que não é realizada porque as pessoas envolvidas não decidem quem irá realizá-la. [N. T.]

DANÇANDO NA COZINHA

deve esperar que o outro mude. Esse é um erro muito comum nos casamentos: noivos que se casam pensando que vão mudar o cônjuge. Nem o pai do seu marido, da sua mulher, conseguiu mudá-lo (a)... O que você vê é o que você leva. Bem, na verdade, me desculpem, não é bem assim. Nós mudamos, mas para pior. Se você se casa com alguém que fala muito, essa pessoa falará ainda mais; se você se casa com alguém que toma pouco banho, essa pessoa tomará menos banho ainda... Estou meio que brincando, mas é certo que nos casamos com alguém que tem virtudes e defeitos. Todos temos virtudes e defeitos, e é importante que conheçamos um ao outro. Para isso serve o noivado: para avaliar, para conhecer, para saber, para decidir... "O meu noivo não tem defeitos!" Deixe disso. A atitude correta seria: "Eu conheço as virtudes e os defeitos do meu noivo, alguns me irritam, sim, mas ele me encanta. Ele tem lá as coisas dele, mas eu o amo, com as suas virtudes e os seus defeitos. Eu me esforçarei para fazê-lo feliz, e tenho certeza de que ele também me fará feliz."

Outro dia, encontramos uma amiga que não víamos há um bom tempo.

— E aí, como vai? Estão todos bem?

— Bom... Estamos bem, mas o nosso filho mais velho está muito desanimado e morando conosco novamente. Ele se separou da mulher. Moravam juntos há quatro anos, e ela foi embora. Disse que ele tem muitos defeitos e que não se esforça para melhorar. Bem-vinda à realidade, minha filha!

Todos temos virtudes e defeitos, e por isso é essencial conhecê-los ao máximo antes nos dar em casamento, e não só aceitá-los como também amá-los. Sim, sim, amar os defeitos do outro, porque são dele, e nós o amamos com o que ele tem de bom e de mau, o amamos por inteiro, com tudo o que é dele, o bom e o nem tão bom.

Desculpem-me, às vezes sou um pouco exagerado, mas creio que assim as ideias ficam mais claras. É claro que todos mudamos com o tempo. Poderíamos dizer que, se o outro mudar para melhor, ótimo! O que não podemos fazer é esperar pela mudança. Precisamos amá-lo tal como é. Com o tempo, os casais acabam ficando parecidos, pois compartilhamos tudo, incluindo os nossos gostos: comemos a mesma coisa, dormimos na mesma cama, quando um compra uma roupa o outro pergunta se lhe agrada, e assim vai. Observe casais que estão juntos há muitos anos; eles ficam até parecidos.

O assunto. As coisas que o deixavam nervoso em seu parceiro, quando vocês eram noivos ou nos primeiros anos de casado, melhoram com o tempo. Não só o deixam menos nervoso como também o divertem, sobretudo quando você pensa que aquilo que lhe deixava nervoso anos atrás agora é motivo de riso. Até alguns defeitozinhos acabam se tornando motivo de riso entre vocês, enquanto se lembram dos aborrecimentos da época que eram noivos ou dos primeiros anos de casados. O que acontece é que, não sei com vocês, mas nós nos aborrecemos cada vez menos.

Somos uma só carne, mas duas pessoas distintas, com as nossas características boas e más. É bonito que seja dessa forma, que sejamos diferentes, complementares, que possamos rir do que nos une e do que nos diferencia, mas muito conscientes em criar um "ambiente familiar" próprio, do qual desfrutamos e do qual tornamos participantes os nossos filhos, um ambiente em que todos se sintam à vontade. Que o nosso ambiente não seja só do pai ou da mãe, nem seja criado pensando só nos filhos; que seja para todos e com todos. Em resumo, que em casa todos vivam muito bem, felizes, alegres; que saibamos ter "lares luminosos e alegres", como dizia São Josemaria Escrivá.

Deixar de olhar para si mesmo

Deixar de olhar para si mesmo significa deixar de olhar para o próprio umbigo, deixar de pensar exclusivamente em si mesmo. Falamos de mudanças, se mudamos ou não mudamos, se gostaríamos que o nosso marido, a nossa mulher, fosse assim ou assado, de como nos agradaria mudar o nosso parceiro... mas é preciso ter algo muito claro: só conseguimos mudar a nós mesmos, e, quando mudamos, conseguimos, ou não, que o nosso ambiente também mude. O que é evidente é que, "se colocarmos amor onde não há amor, obteremos amor" (São João da Cruz).

Não pense apenas em si mesmo. Esse é o nosso maior defeito. Pense nele, pense nela. Como o nosso parceiro gostaria que fôssemos? O que o agradaria? O que faz com que ele tenha um momento agradável? O que ele gostaria que fizéssemos?

Se a sua esposa é apaixonada por motores, informe-se bem a respeito de como funciona um motor. Apenas alguns detalhes, mas com interesse, e, no próximo jantar romântico, naquela mesa pequena em que estiverem frente a frente, como no tempo em que eram noivos, diga-lhe: "Escuta, querida, estava pensando que os motores de dois tempos, diferente dos motores de quatro tempos, conseguem fazer com que os pistões, no momento exato da explosão..." Não é preciso falar mais nada, ela já ficará toda animada, muito mais do que se você dissesse vinte vezes que a ama, pois ficamos contentes quando os outros mostram interesse pelas coisas de que gostamos, e, se for o nosso marido, a nossa mulher, melhor ainda.

Se o seu marido gosta de fazer compras, organize um "dia de shopping" para ele, mas de verdade, com um bom café da manhã e um dia inteiro visitando lojas, provando roupas e mais roupas. Além disso, mostre interesse em tudo: "Esse fica perfeito em você; prove também essa camisa, e aquela outra..." Certamente será muito agradável para ele, e, ao ver que ele está curtindo aquele momento, você também curtirá.

Trata-se de mostrar interesse genuíno. Se não for genuíno, dá para perceber de longe. Interesse-se pelas coisas que são do agrado ou que interessam ao outro. Não quero dizer que temos de compartilhar os mesmos hobbies, esportes ou passatempos. É claro que cada um pode, e deve, ter quantos quiser. Se compartilhamos, perfeito, mas o que realmente temos de compartilhar é a nossa vida. É até bom e necessário que cada um tenha os próprios momentos de lazer, desde que exista comunicação entre os dois e esses momentos não tirem tempo ou dedicação para o que realmente importa: o nosso casamento, a nossa família.

Se o seu *hobby* é jogar golfe e todo sábado de manhã você vai jogar com os amigos uma rodada completa de 18 buracos, enquanto a sua mulher e quatro filhos pequenos o esperam em casa... Não é preciso ser muito esperto para identificar o problema aqui. Além disso, não espere que a sua mulher mostre interesse pelos novos tacos da Callaway que foram lançados no mercado... É preciso saber conciliar casamento, família e *hobbies*.

Isso não significa que você não pode jogar golfe ou fazer o Tour de France (atualmente, o ciclismo como *hobby* também é uma verdadeira loucura, e os passeios, fantásticos, costumam ser longos). Será necessário apenas conversar sobre o assunto e fazer milagres para que a sua partida, o seu passeio, o seu esporte, o seu passatempo se encaixe na vida de vocês. É evidente que há hobbies que, por conta da dedicação e do tempo que exigem, não se encaixam bem em certas fases da vida. Se você tem

DANÇANDO NA COZINHA

filhos pequenos, te aconselho a praticar as tacadas até que fiquem mais velhos.

Pensamos demais nas coisas que nos agradam e até encontramos razões para justificar o nosso apreço por elas. Evidentemente, isso acontece muito mais com os homens. Não digo que não aconteça com as mulheres, mas, no meu círculo e experiência, as discussões em torno desse assunto geralmente ocorrem porque o marido faz o que lhe dá vontade, sem maiores explicações. Trata-se de um tema importante, do qual se deve falar insistentemente. É preciso encontrar o ponto médio que deixe os dois felizes. Exige-se sempre muito amor e, por que não dizer?, sacrifício em prol do casamento e da família. Se você é caçador, golfista ou ciclista, não fique chateado comigo. Tenho certeza de que você entende o que estou falando.

Permitir-se ser olhado

Permita-se ser amado... Ao me deixar ser amado, percebo que preciso de você e o meu orgulho diminui, torno-me vulnerável e sei ver a importância que você tem na minha vida, a necessidade que tenho de você, que temos um do outro. Atualmente, em nossa sociedade, parece que pega mal dizer que precisamos um do outro, parece que não precisamos de ninguém, que podemos ser felizes sozinhos. Creio que no casamento é essencial que nos sintamos necessitados do outro. Quantas vezes falamos, ou pensamos, como a música de Coque Malla: "Não posso viver sem você... De jeito nenhum... Não posso ficar sem você... De jeito nenhum"?

Não é fácil permitir-se ser amado. Devo confessar que, nas minhas palestras para casais, eu nunca falava desse tema; eu ainda não tinha parado para pensar sobre o quanto ele é importante e vital. Meu amigo Pepe Samaranch e a sua esposa Paloma, bons terapeutas de casais, disseram-me: "Pep, é fundamental que você fale da questão de se deixar amar. Vemos muitos casais com problemas porque não se permitem ser amados. Criam muros ao redor de si, vestem couraças."

Quantas vezes o orgulho, a mania de pensar que sabemos tudo, que somos o centro do universo, aquele "umbigo" de que falamos antes, não nos deixa perceber a necessidade que temos de ser amados, e, diante das demonstrações de afeto do nosso marido, da nossa mulher, reagimos mal, com o clássico "agora não, estou cansado", ou, pior ainda, "me deixe quieto", com um gesto desdenhoso e virando o olhar. Esqueça o seu orgulho, permita-se ser amado sempre, especialmente quando estiver passando por fases difíceis, aqueles períodos em que os abraços demorados e silenciosos são tão importantes. Diante de qualquer mostra de carinho, permita-se ser amado, deixe de lado o seu orgulho e se entregue ao amor, que tudo resolve.

O QUE EVITAR PARA QUE A ALEGRIA NÃO DESAPAREÇA DO NOSSO CASAMENTO?

Há muitíssimas coisas que devemos evitar para que a alegria não desapareça do nosso casamento, da nossa vida. Poderíamos citar mil delas, mas recordaremos apenas algumas aqui.

Desleixo

Todos conhecemos casais que, após anos de noivado, e até depois de viverem juntos por um longo tempo sem se casar, separam-se poucos meses depois que se casam. Parece incrível, mas é a lamentável realidade. A razão para isso é que muitos casais ficam desleixados. O que quero dizer com "desleixados"? Que deixam de se cuidar pessoalmente e mutuamente. A ideia de "já não preciso conquistá-la", "já estamos casados", "não preciso mais me esforçar para amá-la" faz com que os homens deixem a barriga crescer e fiquem com umas panças que fariam Sancho Pança, escudeiro de Dom Quixote, cair na gargalhada: sofá, telas de polegadas infinitas, cervejas, maratonas incessantes de futebol, ah, e já ia me esquecendo das camisetas coladas, que já não são mais tão atraentes quando a pessoa não tem um corpo escultural...

Já comentei que sou dentista, e muitas vezes vejo na clínica pacientes com problemas estéticos assustadores.

DANÇANDO NA COZINHA

Mesmo que a pessoa seja muito bonita, se lhe faltar um dente da frente, uma peça da "fachada", toda a sua beleza vai por água abaixo. Para esses pacientes, costumo dizer: "Você não pode ficar sem essas peças. Quando sorri, o buraco fica visível e o seu sorriso fica horrível. Sem falar da necessidade de ter uma boca saudável para ter uma boa saúde."

A resposta, muitas vezes, é a mesma:

— Em relação à estética, não tem problema. Não estou namorando ninguém.

— Mas a senhora não é casada?

— Sou. Por isso disse que não estou namorando.

De jeito nenhum! Não pode ser! Devemos ficar o mais bonito possível, cada um dando o seu melhor, não tanto para si mesmo, mas para o outro. Lembra-se de quando você queria conquistar a sua mulher? Lembra-se das muitas vezes que você se olhava no espelho antes de o seu noivo lhe buscar?

Também não precisa exagerar, é claro, mas não abandone a si mesmo, de verdade. Eu sei que a tinta de cabelo não dura muito e que o papo de salão de beleza fica cansativo com a idade, mas não deixe de ir, você ficará mais bonita e também deixará o seu marido encantado. Se estiver numa fase em que decidiu parar de pintar, e sei que essa é uma etapa difícil da "mutação", não fique aborrecida comigo e converse com o seu marido, para que o caminho do loiro para o branco, passando por uma infinidade de gradações de cinza, seja o mais tranquilo possível.

Cuidar com as brincadeiras

É fundamental que, para ter casamentos prazerosos, nós possamos nos divertir, dar risada, fazer brincadeiras

O QUE EVITAR PARA QUE A ALEGRIA NÃO DESAPAREÇA

carinhosas. Mas, tome cuidado, pois muitas brincadeiras podem acabar em discussão.

"Mas eu só estava brincando…"

Devemos rir *com*, mas não rir *de*. Há países em que chamar a sua esposa de "gorda" é um elogio carinhoso. O meu amigo Mitchell tem o contato da mulher registrado dessa forma no celular, mas, se eu chamar a minha mulher de gorda na minha terra, corro o risco de ficar sem os cabelos.

Você não pode abraçar o seu marido e pegar na "pochete" dele com uma expressão do tipo: "Está mandando ver nas cervejinhas, hein?"

Pior ainda se a pegada na barriguinha for ao contrário. A sua esposa te mata.

Certa vez, uma garota me contou que a melhor lembrança que ela tinha da sua juventude, na casa dos pais, era quando a porta do quarto do casal se fechava e ela ouvia os pais rirem a valer. Lindo! Rir *com*, não rir *de*!

Falando em brincadeiras, vocês me permitem contar uma história? Existe uma situação muito complicada que todo casal enfrenta, e, se acontecer com você, você se lembrará de mim e saberá muito bem como resolvê-la…

Convidaram-nos para um casamento, e o local da celebração ficava a uma hora de carro da nossa casa. Nós, homens, temos a vantagem de conseguir nos preparar para um evento em questão de minutos. Você veste o terno, dá o nó na gravata, penteia o cabelo, passa um pouco de perfume, e pronto. Acontece que você já está preparado há um bom tempo para sair, olha o relógio e vê que estão ficando sem tempo. "Querida, deveríamos começar a sair", você diz, e observa com surpresa que a sua esposa passou correndo pelo corredor com um vestido vermelho, diferente do que ela estava vestindo há poucos minutos, quando você a vira no banheiro — salvo engano, era verde.

DANÇANDO NA COZINHA

Então você se senta e tenta relaxar... Olha de novo o relógio e percebe que já perderam a entrada da noiva. "Querida, vamos?", você diz, já um pouco nervoso. "Sim! Já vou!" Dentro de alguns minutos, ela entra correndo com os sapatos de salto na mão e, apontando para si mesma com um movimento de mãos da cabeça aos pés, pergunta: "Você gostou?". Essa é uma das perguntas mais difíceis que já lhe fizeram na vida. A resposta é óbvia, mas a entonação, o movimento, a pressa, a "expressão não verbal", digamos assim, exige um curso inteiro de Dale Carnegie... Vejamos: você não vai responder que não gostou, afinal, ela é a sua mulher, você a adora e certamente ela se preparou lindamente para o casamento. Se, por algum motivo, você não gostar do vestido e se atrever a dizer isso, além de ganhar uma boa bronca, pode dar como certo que só chegarão para o *hannover* ("hannover" significa chegar em um casamento na hora do banquete, pulando a celebração). É impossível responder "não". A resposta correta é "sim" (muito bem, você adivinhou), mas cuidado com esse "sim". Deve ser num tom sincero, que venha do coração. E não só isso: sua esposa precisa sentir que você tem certeza do que está falando.

Você está com pressa, os dois estão atrasados, e o mais comum é que, em uma situação como essa, você responda um "sim" sem muito interesse, até quase sem olhar para ela. Perigosíssimo... Mas, diga como disser o seu "sim", a situação é terrivelmente complicada, a não ser que você seja o Antonio Banderas, pois, se ela pergunta, é porque não está totalmente certa da escolha que fez, visto que trocou de vestido e se apressou porque estava indecisa sobre qual modelo usar... Ou seja, você deve parar, esquecer que está aborrecido e mostrar interesse, olhá-la minuciosamente e responder um "sim" acompanhado de "lindíssima" — sem pressa, para saírem rápido.

Desculpem-me, eu sei que é uma bobagem, e, além disso, um pouco exagerada, mas essa é a minha intenção: provocar um choque. Tenho certeza de que muitos se viram representados nessa história. Quantos mal-entendidos causados por bobagens que tantas vezes não sabemos interpretar...

E, falando de mal-entendidos, outra coisa que devemos evitar são as discussões.

Evitar as discussões inevitáveis

As discussões no casamento são inevitáveis, e o que se deve fazer é evitá-las. "O que você está dizendo? Se são inevitáveis, como vamos evitá-las?"

Eu ousaria aconselhar três coisas, que poderiam ser cinco ou vinte e cinco:

Evitar situações que possam criar conflitos. Muitas vezes, sabemos quais são as coisas que nos irritam, e podemos evitá-las. Cada casal conhece as suas.

Que durem o menos possível.

Que não se acumulem (e isso vale especialmente para as mulheres).

Preciso confessar que nós, quanto mais tempo passamos casados, menos nos irritamos. É sério. É que quase todos os aborrecimentos são causados por pequenas bobagens que já conhecemos um do outro, mas nas quais voltamos a cair. "Tropecei de novo, e na mesma pedra", como diz a música.

É claro que em alguns casamentos ocorrem discussões sérias, o que é uma pena. Muitas vezes, são fruto de questões que não foram discutidas no período do noivado ou estão relacionadas a coisas que você não poderia nem imaginar que fossem acontecer. Às vezes, na vida, nos deparamos com situações tão difíceis que

DANÇANDO NA COZINHA

fazem muitos casamentos passarem por fases em que a convivência se torna mais difícil. É necessário, então, pedir ajuda a terapeutas de casais bem escolhidos (há muitos bons terapeutas) antes que a coisa se complique ainda mais. Não devemos esperar que a situação piore para só então pedir ajuda, e é importante recorrer à ajuda profissional quando não conseguimos nos resolver sozinhos e a situação está saindo do controle. O ideal é os dois estarem conscientes de que têm um problema e quererem solucioná-lo. Se os dois aceitam ir para a terapia, as coisas se encaminham melhor. Se um percebe que o casal tem um problema, mas o outro não quer buscar uma solução, ou sequer está consciente da situação, aquele que está ciente do problema é quem deve agir, propor a visita a um terapeuta ou procurar ajuda sozinho para uma terapia que auxilie a ambos.

No entanto, na maior parte das vezes, os casais se irritam por bobagens, por detalhes (quase sempre envolvendo o orgulho) que nos deixam furiosos.

Um dia desses, resolvi perguntar no Instagram (como podem ver, foi algo muito científico) quais eram os motivos mais comuns de discussões entre os casais, e pedi que os participantes apontassem se eram noivos ou casados. Nas vinte e quatro horas que dura um *story*, recebi mais de oitocentas mensagens. Pelo visto, o tema era do interesse de muitos. A princípio, vários me responderam: "São sempre bobagens", e eu insistia, dizendo que eram precisamente essas bobagens que me interessavam.

Ao fim da minha "pesquisa", cheguei a uma conclusão: todos os casais passam pelas mesmas coisas, quase sempre brigamos pelas mesmas bobagens (ou nem tão bobagens assim). Deixando de lado os assuntos mais sérios, que obviamente existem, a maioria das discussões acontece por causa de questões de organização, especialmente nas irritações das mulheres com os homens em situações relacionadas a organização e à limpeza do banheiro. "Ai, essa tampa!" Ou mil detalhes a respeito de direção, se é para virar à direita, se é para virar à esquerda, que não precisa correr tanto... "Freie!"... "Eu tinha visto!"... Há carros com três GPS's e fica impossível chegar ao destino certo.

Outros temas comuns de discussões são os seguintes: a pontualidade, a higiene pessoal, o modo de se vestir, a decoração da casa, os passatempos de cada um e o tempo que lhes dedicam, o planejamento das férias, as tarefas domésticas e quem as realiza... Mas há dois temas principais: a família do cônjuge e os filhos.

A família do cônjuge

A sempre querida família do nosso marido, da nossa mulher — e, ao dizer isso, não estou sendo irônico — é um tema importante e delicado. É preciso amar a família do nosso cônjuge, mesmo que ela não mereça — sim, isso mesmo, você leu certo — e ter em mente que nos casamos com o nosso marido, a nossa mulher, e não com a nossa sogra, mas que a família do outro é muito importante para que a nossa própria família cresça em um ambiente saudável.

Não há nada melhor, para educar os filhos, do que o amor dos pais e o carinho dos avós, tios etc. — a famosa tribo. Sim, eu sei que algumas sogras são intrometidas, mas é preciso aprender a lidar com elas. Sempre com carinho e pensando no bem do nosso cônjuge e da nossa família, antes dos nossos gostos pessoais. Lembrem-se: é preciso parar de olhar para o próprio umbigo.

Como em tudo o mais, esse assunto precisa de uma boa conversa, tranquila, sem irritação, sabendo ceder, sabendo se organizar. Você pode dizer: "A minha mãe é

DANÇANDO NA COZINHA

muito chata", mas nunca pode dizer: "A sua mãe é muito chata", mesmo que ela seja e que o outro tenha dito isso um segundo atrás.

Dedicaremos um capítulo ao delicado tema dos filhos.

Que as irritações durem o mínimo possível

Há um ditado que — me desculpem, às vezes fico um pouco radical — é tão bonito quanto falso: "Nunca durma antes de fazer as pazes".

E se acontecer de você ficar irritado dois minutos antes de se deitar porque salpicou a privada de xixi e não a limpou nem fechou a tampa? Não é a mesma coisa ficar irritado às nove da manhã e ficar irritado às dez da noite. Além disso, cada um tem o seu tempo: alguns se irritam e se acalmam rapidamente, outros demoram mais. Cada um é um. Inclusive, às vezes até penso que seja bom dormir irritado, porque aí, no dia seguinte, as coisas são vistas de outra maneira. Seja como for, o importante é não prolongar as irritações, para que não se "inflamem".

Compartilho com vocês uma mensagem que Mariana me enviou pelo Instagram e que, na minha opinião, resume muito bem esse tema:

"Nós temos como regra não falar demais quando estamos irritados, para não dizer algo realmente sem pensar ou dizer algo que possa ofender, optando por adiar a conversa para um momento em que estivermos mais calmos. E temos a regra de não ir para a cama sem nos beijar. Também costumo dizer ao meu marido que me abrace quando eu estiver irritada, porque tenho consciência de que isso reduz muito a raiva que eu possa estar sentindo no momento."

Não me diga que isso não é lindo, embora eu conheça mais de uma que, quando está irritada, é melhor nem pensar em chegar perto para um abraço... Isso porque ninguém é igual, mesmo que todos passemos pelas mesmas coisas. Devemos lembrar sempre que no casamento *somos um*, e um dos cônjuges não deve ficar irritado por muito tempo. Não vamos deixar que as irritações se prolonguem; vamos fazer as pazes o quanto antes e o mais rápido possível, sem dar muitas voltas no assunto.

Que as irritações não se acumulem

E, sim, aqui me refiro principalmente às mulheres, que são especialistas nesse assunto. É claro que alguns homens também se especializaram no tema, mas são em menor número. Vocês, mulheres, acumulam irritações, muitas vezes por pequenas coisas, e às vezes até depois de terem resolvido o problema e feito as pazes. A típica e fatídica "gota d'água".

Um dia nos irritamos com uma coisa, uma bobagem, e, de repente, como uma explosão, brota dentro de nós uma série de lembranças, situações, coisas passadas, das quais já nem nos lembrávamos e que, no momento da raiva, saem como um tropel.

É bom e necessário não acumular irritações, e, se não gostamos de uma coisa, devemos expressar o nosso descontentamento sem irritação e aceitá-la, para depois conversarmos a respeito, com carinho, ambos se esforçando para melhorar. A "correção fraterna" deve ser mais que comum no casamento: devemos corrigir um ao outro, sempre com muito amor, para melhorarmos como casal e como pessoas. E isso deve ser aceito como um presente, pois amamos um ao outro, queremos ser

DANÇANDO NA COZINHA

melhores a cada dia e buscamos alcançar o Céu, o destino para o qual fomos chamados.

Irritações cada vez menos, carinho cada vez mais, desentendermo-nos por um assunto e solucioná-lo o quanto antes. Não acumular nem jogar nada na cara um do outro, buscando amar-se mutuamente cada dia mais e melhor. Também é muito bom, mas com cuidado, rir das irritações depois que a tempestade já passou, o que, com o tempo, pode até ajudar a evitar que se repitam.

Lembro-me de um dia que fiquei irritado com Mercè, mas, para ser sincero, já não lembro o motivo. Na hora, deve ter sido gravíssimo, mas, na verdade, era uma bobagem, como sempre. O fato é que fomos convidados para comer na casa de praia de uns amigos, que ficava a uma hora e meia da nossa casa. Acho que eu estava nervoso porque estávamos atrasados (antes isso acontecia muito, mas agora acontece menos, estamos melhorando; na verdade, não sei se melhoramos ou se agora sou eu que me atraso) e fiquei irritado, fiquei de cara feia e não conversei com Mercè durante toda a viagem, uma hora e meia!, sem falar nada, nada. A música rolando no carro e eu respondendo com monossílabos (que mal-humorado!). Por fim, chegamos à casa dos nossos amigos, onde um bom grupo de pessoas nos esperava para comer. Ao ver os nossos amigos e começarem os abraços e risadas, a minha irritação passou e eu me esqueci do imbecil que tinha sido com ela. Bons amigos, boa comida, boas bebidas e uma sobremesa que se estendeu pela tarde. Quando estávamos de saída, voltando para o carro, só nós dois, eu disse a Mercè: "O que acha de procurarmos um hotelzinho na praia e passarmos a noite por aqui? Amanhã voltamos para casa". Fui inconveniente além do aceitável, porque me lembro exatamente da cara que ela fez ao ouvir a proposta. Quantas vezes não somos tão amáveis fora de casa e conseguimos ser tão antipáticos, até grosseiros, com quem mais amamos? Quem se irritou, e com razão, foi ela, porque estava claro que a noite romântica no hotelzinho da praia era um truque inventado de última hora para passar uma maquiagem na situação. E, mais uma vez, voltamos escutando o Spotify, mas desta vez foi a *playlist* dela.

Ao chegar em casa, pedimos desculpas um ao outro, e, como sempre, as coisas acabaram bem. Mercè é craque.

Em casa, lembramos muitas vezes dessa história para, de alguma forma, rirmos de nós mesmos e lembrarmos que as irritações quase sempre começam com bobagens. Essas bobagens que podem ser como uma bola de neve, que, morro abaixo, cresce até ficar imensa, e, no final das contas, um nada acaba virando um problemão.

Há duas palavras que são proibidas no casamento: *sempre* e *nunca*. Não é verdade que eu *sempre* deixe a tampa aberta, embora aconteça muitas vezes, e também não é verdade que eu *nunca* lhe dê atenção. Pode ser que *hoje* eu não tenha lhe dado atenção... Os termos absolutos precisam ser abandonados para o bem do casamento.

"Para a frente, o amor é eterno. Para trás, é uma porta fechada."

Não sei se li em algum lugar ou se inventei, mas é evidente que a vida de casado é como uma obra de arte, um trabalho delicado e constante, de ourives, acima de tudo alegre, que, pouco a pouco e com a ajuda de Deus, progride de maneira incrível, muitas vezes impensável. Uma obra de arte que deve ser cuidada como um tesouro precioso. Se esfriamos, se relaxamos, se paramos de nos importar, se paramos de trabalhar, a vida de casado vai para o brejo. Que final mais desastroso!

O PERDÃO: PEDIR PERDÃO E PERDOAR

O perdão é fundamental no casamento. Ousaria dizer que é um dos temas essenciais dos casamentos felizes, e mais ainda dos infelizes, pois quantas vezes não é esse "mau viver" que acaba com a alegria nos matrimônios?

Devemos pedir perdão sem dar muitas voltas no assunto, um perdão imediato, quase automático. Já dissemos que cada um tem seu tempo e que, muitas vezes, precisamos que a tempestade se acalme. Mas não se deve pensar muito: nos acalmamos e pedimos desculpas. Não devemos entrar no *loop* de quem tem razão ou não, temos de simplesmente pedir perdão, e já! É difícil? Sim, claro que é, mas a graça está nas coisas que nos desafiam.

Quando nos perdoamos um ao outro, devemos esquecer. Isso de "eu perdoo, mas não esqueço" pode ficar bem nas novelas, mas não na vida de uma pessoa real e muito menos no casamento. Perdoamos e esquecemos, sem remoer o assunto.

Gosto de dizer que "não há perdão sem abraço", e já falamos da importância dos abraços (e dos abraços demorados). Quando nos perdoamos um ao outro, devemos nos abraçar, abraçar forte, e você já sabe: não precisa falar nada. Está tudo dito e esquecido. Que maravilha! Já estamos lendo há muito tempo. Largue o livro e dê um bom abraço no seu marido, na sua mulher, bem demorado e apertado — assim, do nada.

A IMAGINAÇÃO

"A imaginação é a louca da casa", dizia Santa Teresa de Jesus.

Outra coisa que os casais devem levar em consideração é a imaginação, e esse tema, em geral, aplica-se aos homens. Os homens criam filmes de temática sexual em suas mentes que fazem *Star Wars* parecer brincadeira de criança.

Você está no trabalho, e, ao meio-dia, envia uma mensagem de WhatsApp para a sua mulher perguntando como ela está. Ela responde que está tudo bem e envia dois *emojis* com coraçõezinhos nos olhos. Você, então, responde com três desses *emojis* e dois daqueles que dão beijinhos. Em seguida, ela envia um coração daqueles grandes, que até pulsam... Pronto, você já está embalado, a imaginação fica a mil e você pensa que quando chegar em casa, à noite, terá uma festinha incrível. A tarde passa e a imaginação segue *in crescendo.* Você imagina que, mais tarde, as crianças já estarão dormindo ou que a sua mulher talvez as tenha deixado na casa da vó. A mesa da sala de jantar estará posta para dois, à luz de velas, com um prato especial. A sua esposa estará lhe esperando com uma lingerie nova, comprada de manhã, depois de lhe enviar a mensagem do coração... Você, então, se apressa para chegar em casa e ao abrir a porta... Ai, ao abrir a porta... Assim como você, a sua esposa acabou de chegar, sem nenhum filme na mente, exausta por causa do trabalho. As crianças estão agitadas, é hora de dar banho e fazer o jantar, e o seu filme, o da festinha, terá de ficar para outro dia... Você, então, arregaça as

DANÇANDO NA COZINHA

mangas e vai cuidar do banho dos pequenos, que é o que precisa ser feito.

Tenho uma história familiar muito adequada ao tema da imaginação, apesar de saber que a Mercè não gosta que eu a conte, pois, segundo ela, eu não relato o caso como realmente aconteceu e dou a entender que ela não quis participar da festa.

Certa vez, tínhamos planejado uma escapada de fim de semana para os Pirineus, onde temos uma casinha antiga e acolhedora. Naquela época, ainda tínhamos três filhos morando conosco, todos na casa dos vinte anos. Na quarta-feira, durante o jantar, falamos da viagem, como sempre fazemos quando queremos ir aos Pirineus, e, como de costume, os três se animaram a ir. No dia seguinte, Toni, o mais velho, disse que não poderia ir, porque tinha uma prova na segunda e precisaria ficar para estudar. Em seguida, Mateu falou que, se o mais velho fosse ficar, ele também ficaria, para pôr em dia os estudos. Por fim, Jaume, o terceiro, também decidiu ficar com os irmãos em vez de viajar sozinho conosco. Eu fiquei com os olhos arregalados de surpresa, mas nem insisti muito para que fossem... Já comecei a imaginar um fim de semana romântico e a minha cabeça, como a cabeça de qualquer homem apaixonado pela sua mulher, começou a pensar mil coisas. Sairíamos na sexta, ao meio-dia, e eu já tinha em mente onde pararia para comprar os mantimentos: a carne naquela cidadezinha, uma boa garrafa de vinho naquele outro local... Chegaria à casinha, acenderia a lareira, colocaria uma música, estenderia uma manta xadrez...

Chega sexta-feira e eu acordo feliz da vida. Naquela manhã, virei um craque da odontologia; arrancava dentes até de costas e estava mais simpático do que nunca. Terminada a manhã de trabalho, pego o carro e corro para buscar Mercè em casa, a fim de darmos início ao fim de semana dos nossos sonhos. Chego em casa cantarolando: "Querida, já podemos ir… Preparo a mala em um minuto e vamos embora…"

Ela olha para mim e diz:

— Convidei uns amigos para passarem o fim de semana conosco.

Comooo?!

Não pode ser! Não pode ser!

É sério? Tínhamos um fim de semana só para nós!

E lá vou eu. Irritado, mas vou.

Eu disse que me irrito pouco e já mencionei duas ocasiões em que fiquei irritado, ha ha ha! Mas por que não conversamos antes? Por que sempre imaginamos e raramente propomos?

A verdade é que a história acabou muito bem. Os meus amigos pediram a Mercè para subirem conosco. Ela, evidentemente, convidou-os, e nos divertimos muito. Além disso, eles passaram uma noite na casa e foram embora no dia seguinte — não porque eu os tivesse pressionado, que fique claro… No fim das contas, aproveitamos e desfrutamos ao máximo os dias que ficamos sozinhos.

Os casais precisam fazer planos, propor escapadas românticas e conhecer todas as ofertas de hotéis da cidade onde moram ou das cidades vizinhas.

Para Mercè e eu, o melhor plano, quando tínhamos os filhos pequenos, era aproveitar as noites de sexta. Fazer uma boa ceia em um hotel com café da manhã incluso (nada como café da manhã de hotel), desfrutar de um bom buffet no almoço, sem pressa, e depois voltar com as energias recarregadas. À medida que os filhos crescem e você começa a perceber as "vantagens do ninho vazio", as escapadas ficam muito mais fáceis e frequentes. Temos de propor planos, saídas, de acordo com as possibilidades de cada um. Não é preciso gastar demais, o importante é imaginar, conversar e planejar.

DANÇANDO NA COZINHA

Também temos de propor relações sexuais um ao outro. É ótimo que o sexo aconteça naturalmente, mas, às vezes, um comentário sussurrado ao ouvido logo no início da manhã, propondo um encontro sexual para a noite, é uma bendita glória. Nesse caso, os emojis não serão mera imaginação, mas autênticas preliminares.

O TRINCO

Falemos um pouco de sexualidade. Vamos propor encontros amorosos um ao outro, saber o que nos agrada e o que nos desagrada. Não vamos brincar de descobrir, embora não seja de todo errado brincar — vamos conversar. Não é a mesma coisa em uma terça-feira ou em um sabadão; não é a mesma coisa com cinco filhos em casa ou nenhum; não é a mesma coisa quando estamos exaustos de trabalhar ou estamos de férias; não é a mesma coisa quando temos trinta anos ou quando temos sessenta.

E, aproveitando que já falei um pouco do assunto, gostaria de falar de um objeto necessário: o indispensável trinco, sim, o trinco, aquele velho aparelho colocado para trancar a porta do quarto do casal — por dentro, evidentemente. É preciso ter trinco no quarto do casal quando temos filhos em casa, independente da idade que tenham. As mães precisam "se desconectar para se conectar", e não conseguem se desconectar se estiverem com um ouvido atento ao quarto da criança e outro no momento a dois.

É preciso trancar a porta. Muitas pessoas me perguntam: "Como vou colocar trinco no meu quarto se não tem trinco em nenhuma porta da casa? E, além disso, sempre digo às crianças que não se tranquem." Não temos de dar explicações de tudo aos nossos filhos. No quarto do papai e da mamãe tem trinco, e ponto. E tanto faz eles saberem o que estamos fazendo lá dentro... Mais tarde, quando se casarem, eles entenderão, e a primeira coisa que instalarão em sua casa será um belo trinco.

Outro dia, um amigo arquiteto comentou comigo que, sempre que construía uma casa, instalava um bom trinco, daqueles embutidos na porta, no quarto do casal, para a surpresa de mais de uma família.

As relações sexuais unem o casal! Tornam-nos um, não só fisicamente como espiritualmente. É a entrega total de dois corpos e duas almas, sem reservas: livre, fiel e fecunda. É um presente! Como diz o meu amigo Rafa Lafuente, "somos poucos os que fazemos bem, e fazemos pouco". É a entrega total de um homem e de uma mulher, aberta à vida. Sem impedimentos, sem borracha, sem hormônios, expressão máxima do amor de duas pessoas. Viver a sexualidade dessa forma é uma dádiva. É preciso incentivá-la e explicá-la aos nossos filhos e amigos. Fomos feitos para o amor. A sexualidade é um dom que, bem utilizado, é uma bênção, e, mal utilizado, é um desastre, que provoca feridas gravíssimas no coração daqueles que utilizam o sexo como pura diversão, sem considerar o fim unitivo e procriador para o qual foi criado.

OS FILHOS

Já mencionamos que o principal motivo de discussão entre casais, confirmado também pela minha pesquisa "supercientífica" no Instagram, são os filhos.

Os filhos, quando vêm, são a maior alegria para um casal, mas também são uma fonte de importantes diferenças e discussões.

Ter filhos ou não; o que acontece se não os tivermos; o que acontece se apenas nos cheirarmos e já ficarmos grávidos; quantos gostaríamos de ter; a questão da paternidade responsável; os motivos para ter filhos ou não; a utilização ou não de métodos contraceptivos; a adoção ou as técnicas artificiais de fertilidade; a educação e a formação; uma possível doença ou deficiência em um filho... São tantas e tantas coisas e situações que, até que aconteçam conosco, até que as vivamos, são bem difíceis de assimilar, até de imaginar. Por isso é tão necessário conversar a fundo sobre esses temas durante o noivado e pensar, para o bem e para o mal, em todas as situações, falar de tudo com profundidade. Nunca podemos saber o que a vida nos reserva. Se somos crentes, confiamos em Deus e sabemos que, aconteça o que acontecer, tudo será para o bem (*Omnia in bonum*). Confiar e se entregar nas mãos do Senhor traz muita paz.

Alguns anos atrás, a Ministra da Educação espanhola afirmou, após um conselho de ministros, que os filhos não são dos pais. Ela disse especificamente o seguinte: "Não podemos pensar de modo algum que os filhos pertençam aos pais." A declaração causou uma grande agitação e rendeu muitas piadas e confusões. Na verdade, a ministra tinha razão: os filhos não pertencem aos pais,

DANÇANDO NA COZINHA

como bem explica o meu amigo Javier Vidal-Quadras em de seus magníficos *posts*:

> Os nossos filhos não pertencem a ninguém, são livres e donos de si mesmos, mas, enquanto ocorre o lento desenvolvimento da natureza humana até a plenitude das suas faculdades, o filho prorroga o senhorio de si mesmo até a hora em que alcançar certa maturidade, e, enquanto ele vivencia esse processo, os pais são chamados a exercer o maravilhoso dever-direito de educá-lo.

Javier prossegue:

> Uma das definições de pessoa de que eu mais gosto foi cunhada por Carlos Cardona: a pessoa é 'alguém diante de Deus e para sempre'. Com efeito, a pessoa não pertence a Deus nem a ninguém a não ser a si mesma. Não foi criada a serviço ou posse de ninguém, mas como um fim em si mesma, chamada a amar e ser amada. Alguém que foi chamado a viver 'diante' de Deus por toda a eternidade não pode lhe pertencer: é seu amigo! Por isso a pessoa é tão parecida com o Senhor: porque é capaz de amar" (do texto "Não pertenço a ninguém", postado no blog *Familiarmente*).

Esse é um valioso texto que nos ajuda a ver que os filhos não são propriedade de ninguém. Gosto de dizer que devemos educar os filhos para que saiam de casa, tarefa cada vez mais difícil nos dias de hoje, pois não há meio de dar-lhes um chute na bunda e colocá-los na rua.

Não podemos falar de casamentos alegres sem falar de filhos. Muitos falam deles como se fossem cogumelos, como se a sua educação dependesse da sorte ou da conjunção dos astros. Quantas vezes não ouvimos coisas como "Você, sim, teve sorte, os seus filhos se saíram bem" ou "Vocês tiveram sorte com os filhos de vocês", como se esse negócio de filhos fosse uma loteria?

É verdade que cada filho é único e que a sua educação também tem de ser única. A expressão "eduquei todos da mesma maneira e todos saíram diferentes" não é válida. Nunca podemos educar os nossos filhos da mesma maneira — cada filho é único e a vida tem muitos caminhos. O primeiro é o primeiro, e o segundo já tem um irmão mais velho, e, quando nascer o terceiro, talvez os avós já tenham morrido, a saúde e a disposição dos pais já não sejam as mesmas... É certo que o trabalho dos pais, as ausências e os nervos variam com o tempo.

Há uma infinidade de questões e situações que influenciam a criação dos filhos, mas devemos ter uma coisa muito clara: temos de nos dedicar de corpo e alma à educação deles. Como casais, devemos nos amar muito um ao outro, e os nossos filhos devem ver esse amor, senti-lo, desfrutá-lo. Garantir que os nossos filhos sejam pessoas de bem, que sejam felizes, é uma obrigação e uma grande satisfação quando, ao longo dos anos, vemos os resultados.

Colocar o corpo e a alma na educação dos filhos não significa que eles devem vir antes do nosso cônjuge. Sei que esse é um tema controverso. Em muitos casamentos, o casal se dedica tanto à educação dos filhos que negligencia um ao outro. É uma falha colossal, e, quando tentam corrigir a situação, já é tarde demais ou já se tornaram perfeitos desconhecidos.

Na vida escolhemos somente uma pessoa, apenas uma: o nosso marido, a nossa mulher. Não escolhemos os nossos pais, os nossos irmãos, os nossos filhos, muito menos a nossa sogra. Escolhemos somente o nosso cônjuge. É verdade que também escolhemos os nossos amigos, mas não os levamos para morar em nossa casa,

DANÇANDO NA COZINHA

pelo menos não habitualmente, e não prometemos amá-los para sempre — muito menos!

É necessário ter claro, bem claro, que o nosso cônjuge é o principal. Isso é fundamental para desfrutarmos do nosso casamento por toda a vida.

Já comentamos que os filhos são a principal causa de discussões no casamento. A sua educação, as decisões contraditórias que tomamos, um dizer uma coisa e o outro dizer outra, um querer um tipo de educação ou formação e o outro não estar de acordo, ter de matriculá-los nisso ou naquilo, decidir se devem sair ou não… Por isso é muito importante falar, durante o noivado, de assuntos que naquele momento nos parecem tão distantes, mas que, se não estiverem claros para ambas as partes, serão fonte de muitas discussões e desentendimentos.

É difícil ser um casal alegre, é difícil dançar na cozinha quando os filhos nos dão muitas preocupações.

É claro que sempre haverá épocas mais ou menos difíceis, e não podemos, nem devemos, querer controlar tudo. Além disso, há muitas situações que estão além do nosso controle, e as famílias não são perfeitas, porque as pessoas não são perfeitas. Mas, se tivermos claro o nosso objetivo, se tivermos claro o que queremos transmitir aos nossos filhos, se nos esforçarmos para ser sempre coerentes, para transmitir ideias claras, para formar boas pessoas, com força de vontade, tolerantes para com os demais, bons amigos dos seus amigos, que saibam valorizar o que têm, que saibam dedicar-se aos outros, que não pensem apenas em si mesmos, que saibam que a vida exige esforço, que a cruz existe e que devemos carregá-la e viver com ela, que nem tudo é "eu quero" ou "eu gosto", que é preciso se esforçar para conquistar as coisas, e assim por diante… Se conseguirmos criar filhos felizes, e, no caso dos pais católicos, que amem a Cristo, que tenham a fé como o pilar da sua vida, isso será um feito e tanto. Não digo que não sofreremos, porque os pais sempre sofrem pelos seus filhos, mas, quando vemos que eles estão felizes, o nosso casamento é uma maravilha.

Confesso que sou muito emotivo, embora tente disfarçar. Sou o que se costuma chamar de "chorão", e quando, em uma celebração qualquer, vejo a minha família ao redor da mesa — a minha mulher, os meus filhos com os seus cônjuges, os meus netos, as namoradas — preciso me esforçar para não dar muito na cara e deixar uma lágrima escapar. Digamos que eu peguei o costume de "piscar" os olhos... "Papai, o que está acontecendo?" "Nada, nada... Deve ter entrado alguma coisa no meu olho..." É uma alegria que transborda.

Podem existir problemas — eles existem, e às vezes são graves, mas a união familiar, o carinho entre todos, cada um dando o seu melhor, cada qual colocando o bem dos demais acima do bem próprio, proporciona uma felicidade impossível de descrever, pelo menos para mim, que sou desastrado quando escrevo.

Dê um beijão no familiar que estiver mais próximo de você agora, nem que seja a sua sogra. Vamos lá, beije-o!

Confesso uma coisa: se vocês colocarem todo o esforço do mundo, o que não é fácil — principalmente nos primeiros anos, com crianças pequenas, trabalho intenso, financiamentos que nos desnorteiam, noites mal dormidas, choros de bebê e pesadelos das crianças, adolescentes que transbordam hormônios, o despertador tocando de noite para buscar os jovens na balada, as primeiras decepções amorosas dos filhos, rir e chorar juntos... —, depois que tudo isso vai passando, os filhos vão saindo de casa e você vê que se tornaram pessoas de bem, que eles, claro, fazem coisas boas e ruins, mas que sabem diferenciar o bem do mal e se esforçam para fazer o bem, a satisfação que sentimos, enquanto pais, é algo incrível, vale todas as noites mal dormidas e ajuda

DANÇANDO NA COZINHA

muito na construção de um casamento alegre. Os anos de esforço, satisfações e decepções têm a sua recompensa. E é imensa.

O DINHEIRO

Parece um tema muito materialista, mas a questão econômica também precisa ser levada em consideração para se ter um casamento alegre, e não porque seja necessário ter muito dinheiro para ser feliz, mas porque esse é um assunto que, com frequência, dá origem a muitos desentendimentos.

Uma coisa que me surpreende e que vejo em muitas famílias é que um dos dois não sabe exatamente como se ganha dinheiro em casa nem se eles têm muito ou pouco dinheiro. Creio que é muito importante ser transparente nesse ponto. Casamo-nos na riqueza e na pobreza, e, ao longo da vida de uma família, há períodos economicamente melhores e outros de maior necessidade. Precisamos tentar evitar que o dinheiro tire a nossa paz.

É claro que é necessário um mínimo de renda para cobrir as necessidades vitais e pagar as contas comuns de uma família para que a questão econômica não nos deixe constantemente preocupados. Muitíssimas famílias enfrentam dificuldades para chegar ao fim do mês, e esse problema se torna o principal assunto para elas, a ponto de sufocá-las. Às vezes, temos a sensação de que é preciso ganhar muito dinheiro para que um casamento seja prazeroso, mas nada poderia estar mais longe da realidade.

Com as necessidades vitais devidamente atendidas, é possível "se virar", mas não devemos dar ao dinheiro mais valor do que ele realmente tem.

É comum pensarmos que, depois que as coisas melhorarem, vamos aproveitar mais, que agora estamos muito apertados ou que não devemos nos acostumar a coisas

DANÇANDO NA COZINHA

caras quando as coisas vão bem, porque talvez um dia não possamos mais nos dar a esses luxos. Precisamos saber desfrutar do que temos, da vida que nos coube viver. É claro que é bom aspirar a uma melhora econômica, mas não podemos depender disso para curtir o nosso casamento. Devemos aproveitar aqui e agora com o que temos.

Vamos fazer um exercício? Pense, por um momento, no que é mais importante para você e comente com o seu marido ou a sua mulher. Essa é uma questão muito relevante e que raramente nos fazemos. Falamos muitas vezes de valores e virtudes, mas é difícil definir o que é um valor, o que é uma virtude, quais valores ou virtudes são mais importantes e quais são menos importantes. No entanto, é fácil distinguir quatro aspectos na vida que, em geral, são os mais importantes.

A transcendência, espiritualidade, Deus, fé.

A família: mulher ou marido, filhos, os parentes do nosso cônjuge.

O trabalho, indispensável para o sustento.

Os amigos e os passatempos.

Pense nesses quatro aspectos da vida, converse sobre eles com o seu cônjuge e estabeleça as suas prioridades. O que é mais importante para você? O que é mais importante para os dois? Estão de acordo nisso? Isso pode levar a uma boa conversa que talvez vocês nunca tenham tido antes.

Nós temos muito claro: em nosso lar, o mais importante é Deus, a nossa fé — e não que seja o principal, mas algo que não podemos dissociar de nenhum dos outros aspectos. Deus está presente em todos os âmbitos da nossa vida, não é algo que está lá em cima, mas algo que abrange tudo, e que, claro, é o mais importante.

A família vem em segundo lugar, e, dentro da família, já mencionamos que o cônjuge é mais importante do que

O DINHEIRO

os filhos. Os filhos são educados para saírem de casa, mas o marido ou a mulher é para toda a vida.

Em terceiro lugar vem o trabalho, indispensável para o sustento familiar e que, além disso, ocupa a maior parte do nosso tempo.

Por fim, embora não menos importantes, vêm as amizades, os passatempos em comum e os *hobbies* particulares.

E o que isso tem a ver com o dinheiro e a economia familiar?

O exercício é o seguinte: você chama um dos seus filhos, com idade entre sete e vinte e sete anos, e pergunta: "O que você acha que é mais importante para mim?"

Sim, eu sei que é uma pergunta aleatória, mas é muito interessante saber o que lhe respondem, principalmente os seus filhos pequenos.

Não diga nada, não influencie a resposta. Certamente você terá de repetir a pergunta, porque o seu filho ficará surpreso e dirá: "O quê? Do que você está falando?" Então você repete:

"O que você acha que é mais importante para mim?"

Um bom lugar para fazer esse exercício é o carro, apenas você e o seu filho. Segure firme o volante, fique atento para não bater, mas esteja pronto para ouvir uma resposta de que talvez você não goste ou para a qual não esteja preparado.

Peço a muitos amigos e a muita gente, nas minhas palestras, que façam esse exercício com os filhos e que, se quiserem, compartilhem a resposta comigo.

O resultado é surpreendente, e, em muitos casos, a resposta é: o dinheiro ou o trabalho.

Sim, sim, eu sei que surpreende, é claro que a resposta pode ser qualquer uma, e a família costuma ser a número um, mas o trabalho, e especificamente o dinheiro, é muito frequente, principalmente quando quem faz a pergunta é o pai.

105

DANÇANDO NA COZINHA

Esse exercício sempre tem um resultado positivo. Se o que o seu filho respondeu lhe agrada, perfeito! Você pode dizer: "Sim, senhor, o mais importante para mim é Deus, a nossa família ou outra coisa que ele tenha falado". Se o que ele respondeu não lhe agrada, é o momento de deixar claro para ele o que é realmente importante para você.

Muitas vezes, achamos que transmitimos uma coisa só porque pensamos muito nela, mas não sabemos o que os nossos filhos realmente estão absorvendo. Por isso é bom perguntar para eles, pois damos exemplo até quando não queremos dar, e os jovens percebem tudo.

O que acontece é que em muitas famílias fala-se demais de dinheiro, porque é um tema que nos preocupa em tantas ocasiões, e as crianças percebem, veem com clareza que as necessidades econômicas são o assunto principal da casa.

Os filhos devem saber que o dinheiro é importante para viver, mas devemos mostrar domínio sobre os aspectos econômicos.

O que é realmente mais importante para você? Seja lá o que for, expresse-o, fale disso dentro de casa, e, se fizer o exercício e for da sua vontade, compartilhe a resposta comigo.

Prosseguindo com o tema economia familiar, cada casal saberá como conduzir as suas finanças, mas creio que a transparência e o compartilhamento total da renda e dos gastos são indispensáveis para evitar discussões nesse departamento. Não importa que um ganhe mais e o outro ganhe menos, ou até que não ganhe nada. Tudo deve ser para o bem da família. Estamos felizes com o que temos e mais felizes de sabermos compartilhar.

Muitos problemas conjugais têm origem em questões econômicas, com frases do tipo: "Eu pago isso e você paga aquilo", "a minha conta-corrente é só minha", "eu contribuo mais", "estou cansado de pagar"... Não serei eu a dizer como vocês devem conduzir a economia da sua família, e menos ainda do ponto de vista fiscal, pois sou péssimo nesses assuntos, mas é algo que devemos ter muito presente e sobre o qual é indispensável conversar a fundo.

Se, com a graça de Deus, não tivermos dificuldades financeiras ou estivermos passando por uma boa fase, também é importante dosar os gastos e pensar em ajudar pessoas que estejam enfrentando dificuldades econômicas.

AS PEQUENAS COISAS DE CADA DIA

As pequenas coisas de cada dia são as verdadeiramente importantes e trazem alegria

O pote de gel aguado

Se realmente queremos ter casamentos alegres, devemos prestar atenção aos detalhes cotidianos, à grandeza das coisas comuns. Não podemos esperar os dias especiais, as férias ou aquelas escapadas (tão recomendáveis) para ser feliz. O clássico "Vamos aproveitar quando as crianças crescerem", ou "Quando terminarmos de pagar a hipoteca, aí sim", ou sei lá mais o quê, mil e uma situações que nos fazem pensar que vamos aproveitar mais adiante, que agora a coisa está muito complicada. Mas lembre-se: a vida é aquilo que acontece enquanto você está pensando no que fazer com ela.

O segredo dos casamentos alegres está no dia a dia, nas coisas pequenas, na infinidade de detalhes que, se não prestarmos atenção, passam despercebidos, assim como a própria vida.

Uns dias atrás, pela manhã, Mercè, saindo do banho, me disse:

— Não deixe o pote de gel de banho embaixo do chuveiro com a tampa aberta, porque enche de água.

— Como?

DANÇANDO NA COZINHA

Sinceramente, pensei que o assunto fosse uma besteira qualquer, pois você pode imaginar a quantidade de água que cabe dentro do pote de gel de banho...

Em nossa casa, temos uma banheira clássica. De um lado, há uma prateleira onde ficam os frascos de higiene pessoal (o gel de banho que nós, homens, usamos para tudo, e os vinte e dois produtos que as mulheres usam); do lado oposto, a banheira se estende até a parede onde ficam a torneira e o chuveiro. Eu não tinha consciência de que deixava o pote de gel embaixo do chuveiro. No dia seguinte, prestei atenção, e, sim, parece que pego o pote da prateleira e, depois de usá-lo, deixo-o na borda da banheira junto à parede, onde está o chuveiro, e, embora seja um daqueles potes que, para fechar, basta um "click" na tampa, parece que eu também o deixo aberto. Coisa de homem: usar o gel de banho para o cabelo e o corpo e deixá-lo aberto onde não deveria. Ri de mim mesmo e tomei a decisão de me lembrar de Mercè toda vez que fechar o pote e colocá-lo na prateleira, como deve ser — não apenas por uma questão de organização, e sim por ela.

Tenho feito isso há um bom tempo, e já virou hábito. Fecho o pote, coloco-o na prateleira e penso na minha mulher, dando graças a Deus por tê-la. Pode parecer bobagem, mas é que sou muito distraído, e, se não reservar momentos durante o dia para me lembrar dela, entre pacientes e as mil coisas que tenho na cabeça, me esqueço da coisa mais importante da minha vida: ela, a minha mulher, Mercè.

São coisas pequenas, muito pequenas — até ridículas —, mas que, ao longo do dia, servem para nos lembrar de que com a nossa mulher, o nosso marido, somos um e não podemos nos esquecer do outro.

Já contei que adoro tirar fotos dela, e, muitas vezes, sem motivo aparente, fico observando aquelas imagens e

AS PEQUENAS COISAS DE CADA DIA

volto a me lembrar da sorte que tenho de ser seu marido, de amá-la, e mais mil detalhes:
• Um "te amo" dito e ouvido, não apenas subentendido.
• O beijo da manhã e o da noite.
• Os abraços de dez segundos, obrigatórios.
• Um amasso rápido pelo corredor quando nos cruzamos.
• Uma piscadela quando estamos com outras pessoas, e, se perceberem, não tem problema.
• Fechar a porta com cuidado quando o outro está dormindo.
• Preparar o café como ele ou ela gosta.
• Colocar a toalha dele ou dela sobre o aquecedor antes do banho.
• Um *post-it* no espelho do banheiro ou uma mensagem escrita na superfície embaçada do espelho.
• Comprar aquele mimo de comer de que ele ou ela gosta.
• Aquela flor que você colhe da cerca do vizinho ao chegar em casa.
• Dizer o quanto ela está bonita, que você gosta da roupa que ela está usando, incentivá-la a comprar algo novo.
• Várias mensagens de WhatsApp ao longo do dia.
• Uma ligação fora de hora.
• Uma cerveja a dois ao chegar em casa.
• Um petisco rápido no bar em um horário inusitado.
• Colocar a *playlist* preferida dela no carro.
• Um presente sem motivo, mesmo que não estejam celebrando nada.
• Espiar ela ou ele enquanto trabalha e ser flagrado.
• Saber quando ela foi ao salão (não é fácil) e mencionar o quanto ficou bem.
• Perguntar como foi o seu dia.
• Interessar-se pelo resultado da partida de paddle ou de futebol.

DANÇANDO NA COZINHA

- Fazer a cama ao estilo "hotel".
- Abraço na horizontal antes de dormir.
- Limpar ou organizar as coisas sem falar.
- Pendurar o quadro que ela lhe pediu para pendurar há apenas seis meses.
- Observá-la enquanto dorme.
- Quando vocês têm bebê, levantar-se à noite sem falar nada.
- Ter o impulso automático de dizer: "Eu vou", "Eu faço"...

Em resumo, levar em conta esses detalhes muitas vezes ao dia, que realmente sejam a coisa mais importante para você, e que o seu marido, a sua esposa, perceba.

Não é fácil. A vida nos consome. É preciso decidir.

São Josemaria dizia aos sacerdotes que deviam "colocar o coração no chão para que os outros pisem macio". É uma frase que eu adoro e que considero muito adequada para os casamentos: "Colocar o coração no chão para que o seu marido, a sua mulher pise macio", *chof*, *chof*, que maravilha, esforçar-se para que o outro seja feliz e assim, vendo-o feliz, os dois fiquem felizes.

A FÉ, PILAR FUNDAMENTAL DO NOSSO CASAMENTO

Um casamento a três

Deixei para o fim um tema fundamental. Na verdade, é fundamental para nós, como você deve ter notado ao longo do livro, mas talvez não seja para você. Vou falar da fé, de ter Deus como o pilar que sustenta o nosso casamento. Se você não tiver fé e não quiser ler sobre isso, pode pular direto para o fim, mas não consigo falar de felicidade, de casamentos alegres, sem mencionar Deus.

Na pandemia de Covid-19, o meu amigo Pablo, o meu irmão Tomás e eu fizemos algumas conferências ao vivo via Zoom, que chamamos de "ConFenados" (você pode assisti-las no YouTube). Essas conferências fizeram muito sucesso e, uma vez por semana, nosso Zoom ficava abarrotado de gente. Eram palestras sobre noivado e casamento, e outras com testemunhos de vida incríveis. Como resultado dessas transmissões, e após o período de confinamento terminar, comecei a ministrar palestras para noivos e casais em uma infinidade de lugares. É por isso que me animei, ou, melhor dizendo, me animaram, a escrever este livrinho.

O meu objetivo é mudar as estatísticas. Sim, sim, eu sei que soa pretensioso, até fantasioso, mas não vou parar até conseguir. Na verdade, estou convencido de que isso precisa mudar. Não é possível que haja tantos divórcios na Espanha, não é possível que tão pouca gente se case (e menos ainda na Igreja), não é possível que os jovens

DANÇANDO NA COZINHA

tenham medo do casamento, do compromisso, da entrega. Não é possível. Estou disposto a mudar esse cenário — ou, melhor dizendo, ser instrumento do Senhor para mudá-lo. É comum, muitas vezes, pensarmos que somos os protagonistas, que as coisas acontecem graças a nós, que somos nós que as fazemos ou conquistamos. Mas, quando você tem fé, vê claramente que sozinho não pode nada, e com Deus pode tudo. Lembra-se de quando falamos do Consentimento, da loucura do amor para a vida toda...? Como dizia Antonio Bienvenida, e o meu amigo Alex sempre me lembra: "Toda a glória para Deus."

Por que tenho fé e você não tem?

Vejo que você continua lendo, apesar de eu ter avisado, no início do capítulo, que falaria desse tema. Adorei!

Por que Deus, quando se fez homem na pessoa de Cristo, não fez com que todos acreditássemos nele instantaneamente?

Por que ele curava alguns, e outros, que estavam ao seu lado, não? Como no milagre do paralítico no tanque de Betesda (Jo 5, 1-16), que sempre me intrigou.

Por que a alguns ele dizia "segue-me", e eles o seguiam, como os apóstolos? Mateus, por exemplo, foi chamado por Jesus, levantou-se e o seguiu (Mt 9, 9-10). Outros, porém, como o jovem rico, não quiseram segui-lo (Mt 19, 16-30). E a outros, que queriam ficar com ele, Jesus disse que voltassem para casa, como no caso do endemoniado gadareno (Mc 5, 1-20).

Um mistério, um grande mistério que se resume em uma palavra: liberdade. Deus nos criou livres, absolutamente livres, muito mais livres do que o cãozinho chique da rua Serrano dos capítulos iniciais. Podemos fazer o que quisermos, não só podemos crer ou não em Deus como até podemos ir contra ele, rebelar-nos contra o Criador.

Deus, na pessoa de Cristo, quer que o conheçamos, quer que nos afeiçoemos a ele para desejarmos segui-lo livre e voluntariamente, não obrigados por nada nem por ninguém.

Ele sempre nos espera de braços abertos.

Você pode obrigar alguém, por exemplo, os seus filhos, a ir à igreja, a seguir uma religião, até a cumprir certas normas, mas a *crer*... É impossível obrigar alguém a crer. É um ato totalmente livre e individual. Eu decido crer. E não só ninguém pode me obrigar como posso crer mesmo que me proíbam.

A fé é um dom de Deus, que ele nos concede quando e como quiser. Ele derrubou São Paulo do cavalo, e São Paulo passou do maior perseguidor de cristãos a um grande apóstolo da Igreja. Junto a São Pedro, são os maiores. Mas, com a maioria de nós, Deus usa outras pessoas para nos transmitir a fé: os pais, o colégio, a igreja, um padre, um amigo. É assim que O conhecemos, e um dia, depois de um encontro pessoal com o Senhor, ficamos tomados de amor por ele e decidimos segui-lo, e isso transforma a nossa vida, obrigatoriamente deve nos transformar, e começamos a ver todas as coisas de modo diferente, com "novos olhos". Quando você tem um encontro pessoal com Deus, não precisa ser nada espetacular, não é preciso ouvir nenhuma voz e nem que alguém apareça diante de você. Um dia qualquer, na intimidade do seu coração, no fundo da sua alma, você O descobre, e então não tem mais volta. O mundo e a vida se tornam imensamente belos aos seus olhos, e, apesar dos seus problemas continuarem sendo os mesmos, a maneira de enfrentá-los muda radicalmente. Surgem em você uma paz, uma luz e uma alegria interior impossíveis de reprimir, e você sente necessidade de transmiti-las aos outros.

DANÇANDO NA COZINHA

Quando uma pessoa vive essa experiência, sente o desejo de compartilhá-la. Se eu lhe convido para ir a um bom restaurante, você come muito bem e, além de tudo, o preço é ótimo, no dia seguinte você certamente dirá aos seus colegas de trabalho: "Você tem de ir ao restaurante tal!" Quando você lê um bom livro, fala dele para todo mundo, assim como compartilha qualquer experiência que o tenha deixado feliz, porque deseja que os outros também se sintam felizes, também vivam aquilo.

Por isso, quando você realmente conhece Cristo, quando vive perto dele, quando a fé muda a sua vida, você não consegue se calar. Sentimos a necessidade de contar, pois viver nessa comunhão com o Senhor é uma maravilha.

Certo, certo, muito bem, Pep. Depois desse sermão, o que isso tem a ver com casamentos prazerosos?

É que a fé é algo que nós, casais, devemos viver e compartilhar.

É claro que a fé é uma relação pessoal com o Senhor, mas não afirmamos que somos um? Viver a fé juntos no casamento é como jogar na Liga dos Campeões, como ouvi o Padre Joaquín (@joaquinconp) dizer certo dia. Continuamos a ter os nossos problemas, continuamos a discutir por causa da tampa do gel de banho, mas sabemos que o amor que nos une, quando colocado diariamente nas mãos de Deus e compartilhado entre nós três, é algo infinito, que vai até a eternidade, para toda a Vida — com maiúscula, algo que pode superar tudo.

Não é o amor que salva o nosso casamento, é o sacramento do matrimônio que aumenta o nosso amor. A graça que nos é conferida pelo sacramento é que fortalece o nosso amor, o nosso "sim".

A fé, que deveria ser sempre motivo de alegria, vira motivo de discussão entre muitos casais, que a vivem de maneira diferente.

A FÉ, PILAR FUNDAMENTAL DO NOSSO CASAMENTO

A fé, as crenças de cada um, também são temas que devem ser conversados a fundo durante o noivado, pois se trata de algo fundamental para as pessoas que levam uma vida de fé, e pode ser muito difícil conviver com quem não entende as nossas crenças ou considera a fé uma questão de pouca importância.

Em relação à fé, poderíamos dizer que há três tipos de casamentos:

Casamentos em que os dois têm fé e a vivem.

Casamentos em que os dois vivem a fé de maneiras diferentes.

Casamentos em que nenhum dos dois têm fé, ou que, se têm, não a vivem.

Quando, em um casamento, os dois cônjuges têm fé e a praticam é uma alegria. Ainda que a fé seja algo pessoal, ajudamo-nos mutuamente a aumentá-la.

O seu casamento o aproxima ou afasta de Deus?

É importante viver a fé no casamento, em comunhão, rezar juntos, frequentar os sacramentos, conversar sobre as coisas que nos preocupam e colocá-las nas mãos do Senhor. Confiar, dar graças e tê-lo sempre presente em nossa relação. Que ele realmente seja o pilar que sustenta o nosso amor. Além disso, os nossos filhos perceberão a nossa fé, e isso será um exemplo fundamental em sua educação, pois essas coisas são recebidas na "mamadeira" da infância.

São João Paulo II dizia que ver o seu pai de joelhos ao pé da cama foi a melhor catequese que recebeu na vida.

Quando o casal vive uma fé diferente, é muito importante conversar seriamente sobre o assunto. Devemos nos perguntar a nós mesmos e um ao outro: qual é a fé do meu noivo, da minha noiva? Qual é a minha fé? Que fé queremos viver e transmitir? O respeito e o apoio daquele que é menos fervoroso na fé é indispensável para que o casamento seja feliz.

DANÇANDO NA COZINHA

Esse é um assunto que causa muita preocupação no cônjuge fiel. Além disso, se vocês se casaram pela Igreja e batizaram os seus filhos, têm a obrigação de educá-los segundo os princípios cristãos. E, quando um dos dois não colabora ou até coloca obstáculos, cria um mal-estar que afeta o outro e toda a família.

Conversem a fundo sobre o tema, sem discutir. Respeite e apoie as iniciativas daquele que quer viver a fé, e o crente, por sua vez, não pregue sermões ao outro. Não seja ríspido, pois, desse modo, a única coisa que você conseguirá será afastá-lo ainda mais. A única forma de motivá-lo é ele o ver muito feliz, alegre, até que comece a admirar a sua forma de viver a fé. E, aos poucos, ele se aproximará de Deus com o mesmo sentimento dos primeiros cristãos: "Quero ser como eles", "quero viver assim".

Se vocês são um casal que não têm fé ou que não a vive, mas amam muito um ao outro, e amam e desejam o bem para a sua família e para a sociedade, estão muito mais próximos de Deus do que pensam. Porque Deus é amor. A única coisa que falta é vocês se animarem a conhecê-lo, lerem os Evangelhos, a vida de Cristo, para ficarem tomados de amor e quererem segui-lo, para terem-no como referência. Eu os incentivo a isso, pois a vida é muito melhor quando sabemos que Deus está conosco e que nos ama de forma totalmente desinteressada. A relação com Deus nos dá paz, ajuda-nos a enfrentar os problemas com outra visão, uma visão sobrenatural da vida.

A doutrina da Igreja não está aqui para aborrecer ninguém

Por que a doutrina da Igreja em relação ao casamento e à sexualidade é tantas vezes mal compreendida e criticada?

É muito fácil criticar a doutrina da Igreja sem conhecê-la, ou conhecendo-a pouco. Utilizam-se estereótipos para falar mal de uma forma de viver que foi pensada para que sejamos felizes, e não para aborrecer ninguém. A Igreja quer que sejamos felizes, e afirmo isto com base na minha própria experiência: se nos esforçarmos para viver de acordo com a doutrina que ela nos propõe, seremos felizes. Certamente ainda teremos problemas, isso é óbvio, mas serão mais suportáveis. Não é fácil seguir a doutrina? Voltamos à questão de sempre: quantas coisas que nos deixam felizes não são nada fáceis, mas valem a pena e proporcionam muita satisfação?

Muitas vezes penso que a culpa é nossa, dos católicos, pois não sabemos transmitir, *com a nossa vida*, a alegria e a beleza de viver a nossa fé. Quantas vezes não somos grosseiros ou pensamos que somos melhores do que os outros, quando o que os casais devem fazer é ser um puro reflexo do amor de Cristo pela sua Igreja? Tantas vezes somos mornos, além de mal-humorados e ríspidos.

Os primeiros cristãos eram conhecidos por sua alegria. Os outros diziam sobre eles: "Veja como se amam." E brotava no coração daqueles que os conheciam o desejo de segui-los. O meu amigo e mestre Monsenhor Joan Costa (recomendo os seus vídeos: www.mnjoancosta.net) sempre utiliza o exemplo da lavadora.

A lavadora

Quando você compra uma lavadora ou outro eletrodoméstico, recebe um manual, um livro de instruções que você pode ler para saber como funciona o aparelho, ou pode optar por não ler e usar a lavadora como bem entender. É sua, você a comprou.

DANÇANDO NA COZINHA

Se quiser que a lavadora cumpra a sua função, que lave corretamente a roupa, não quebre e dure bastante, convém seguir as instruções que vieram com o produto, nem que seja só o resumo. Isso garantirá o sucesso da lavagem e a durabilidade do aparelho.

As "instruções" para o funcionamento do ser humano são os Dez Mandamentos, e a doutrina da Igreja nos ajuda a lembrarmos disso.

Com a sua lavadora, você pode fazer o que quiser. Ela é sua. No compartimento do sabão você pode colocar Coca-Cola em vez de detergente, por que não? Garanto que será uma experiência inesquecível, surpreendente, incrível, a espuma marrom no momento da centrifugação transbordará pelo tambor e será algo brutal, emocionante... Ou pode colocar água sanitária no lugar do amaciante, afinal, você pode fazer o que quiser, a máquina é sua e está à sua disposição.

Às vezes, temos a impressão de que podemos fazer o que quiser com o nosso corpo, e, muitas vezes, até dizemos: "O corpo é meu, faço o que quiser." Porém, as consequências podem ser nefastas, e estamos cientes disso. Se não o usarmos da forma correta, os danos físicos, mentais ou espirituais podem ser irreparáveis, assim como no caso da lavadora depois do festival de Coca-Cola.

Brincar com o amor é perigoso e acarreta graves consequências, como as que vemos constantemente na sociedade em que vivemos. Quantas pessoas feridas, deprimidas... sozinhas!

A Igreja nos lembra três vezes, na Bíblia, que "o homem deixará o seu pai e a sua mãe, e se unirá à sua mulher e serão uma só carne" (Gn 2, 24; Mt 19, 5-6; Ef 5, 31). Repito: não é para aborrecer ninguém — muito pelo contrário, é para que sejamos felizes neste mundo, e, depois que morrermos, na vida eterna, para sempre.

Não quero me estender. Poderíamos escrever muitos livros falando desse tema. Deixo isso para os especialistas, dos quais há muitos e muito bons. Se você se animar, consulte o Catecismo da Igreja Católica, leia a encíclica *Humanae vitae*, do Papa Paulo VI ou as catequeses de São João Paulo II sobre a "Teologia do corpo" através de autores como Christopher West, em seu livro *Boas novas sobre sexo e casamento*, mas, antes de julgar ou criticar, estude o assunto — ou, melhor, viva-o!

Para concluir este capítulo, em que talvez tenhamos nos elevado um pouco, eu gostaria de contar a história do suflê, que ouvi de um grande nome da educação afetivo-sexual, José Maria Contreras.

O suflê

Certo dia, um casal organizou um jantar em casa. O marido preparou um suflê que ficou incrível. Todos os convidados gostaram do prato e tiveram uma excelente noite. Na hora de ir embora, um casal pediu ao anfitrião a receita daquele delicioso prato. O cozinheiro sabia que o amigo que pedira a receita não gostava de queijo, então hesitou um pouco na resposta, mas, por fim, respondeu: "Claro!" Pegou lápis e papel e escreveu detalhadamente como se fazia o famoso suflê, sem contar ao amigo que o prato levava queijo. Felizes, todos se despediram.

Alguns meses depois, eles se encontraram novamente e o amigo comentou com o cozinheiro: "Tentei fazer o suflê, mas ficou péssimo, e segui ao pé da letra a sua receita. Não entendi..."

O cozinheiro ficou surpreso e não soube o que responder. Poderia dizer: "Bem, não faço ideia. Mas você já viu que eu preparo muito bem. Quando quiser, fazemos outro." Ou dizer a verdade: "Olhe, meu caro, o

DANÇANDO NA COZINHA

suflê leva queijo, mas, como sei que você não gosta de queijo, eu não coloquei na receita. Mas o problema é o queijo. O que faltou no seu suflê foi o queijo, que é indispensável."

Algo semelhante acontece muitas vezes conosco, com os casais que têm fé. Os amigos nos perguntam: como vocês conseguiram continuar tão apaixonados? Como vocês têm um filho com uma doença tão grave e enfrentam a questão dessa maneira? Como conseguem vivenciar com tanta serenidade a morte de pessoas queridas? Não entendo como você encara a doença de seu marido com tanta alegria. Vocês não têm um tostão furado e estão sempre felizes...

Muitas vezes respondemos com bobagens ou soluções superficiais, ou, o que é pior, subimos ao primeiro lugar do pódio e dizemos que é tudo mérito nosso. Fantasia! Isso acontece sempre por causa do respeito humano, porque sabemos que o amigo que nos pergunta não crê ou não quer falar de fé (ele não gosta de queijo). Não temos a ousadia de responder como São Paulo: "Eu vivo, mas já não sou eu; é Cristo que vive em mim" (Gl 2, 20). Olha, meu amigo, é a fé que me ajuda a viver assim! Não há mais nada! Coloque o queijo no suflê! Coloque a fé na sua vida!

CONCLUSÃO: DANÇAR

Por que na cozinha?

Depois do quarto do casal, a cozinha é o cômodo mais importante da casa. Na cozinha é onde se prepara o feijão e onde acontece a maioria das coisas importantes em um lar. Quantas confidências na cozinha, quantas risadas, quantos prantos! Se as cozinhas falassem, poderíamos escrever livros maravilhosos.

É obrigatório dançar na cozinha

Não vale dar desculpa: caixa de som, *bluetooth*, Spotify, e bora!

O tamanho da cozinha não importa. Na verdade, para o casal, quanto menor for, melhor, pois assim podem dançar mais agarradinhos. Não me venha com "não sei dançar", você não sabe dançar para dançar no Ballet Bolshoi, mas qualquer um sabe dar uns passos e se divertir com a sua mulher ou o seu marido. Além disso, quanto pior você dançar, mais o outro vai rir, porque é esse o objetivo: rir.

Dance como se ninguém estivesse olhando

Desfrute do casamento. Não pense tanto em si mesmo, pense no outro, descanse no outro, acolha o outro.

DANÇANDO NA COZINHA

E todo dia, ao nos deitar, na hora de fazer o exame de consciência para saber como foi o nosso dia e ver em quais aspectos podemos melhorar no dia seguinte, nós, os casados, devemos sempre nos fazer a nós mesmos duas perguntas pessoais:

Eu o/a amei?

Ele/ela percebeu?

É que, não basta amar, é fundamental que o outro perceba.

Chegamos ao fim. Quis que fosse um livrinho muito simples e direto, fácil de ler, mas, acima de tudo, que incentivasse os casais a serem felizes, a desfrutarem do casamento, a se divertirem muito.

Deus não disse: "O homem deixará o seu pai e a sua mãe, e se unirá à sua mulher, e serão uma só carne para passarem maus bocados." O casamento é a vocação da maioria das pessoas. Deus nos pensou assim, para que sejamos felizes. O casamento é a melhor das invenções.

Exatamente hoje, na igreja, conversei com uma garota. Ela me disse que passara a tarde toda discutindo com uma amiga que não acreditava no amor eterno.

Não é possível que, atualmente, os jovens duvidem tanto, que pensem que o amor não dura, que tudo é sentimento. Que exista tanto medo do compromisso.

Nós, os casais, devemos ser exemplo para os jovens. Temos de conseguir que os nossos filhos, os seus amigos e todos os jovens digam: "Quero ser como esse casal, não só porque estão casados há muitos anos, mas porque têm aproveitado a companhia um do outro durante todo esse tempo."

Quantos casais conhecemos que não são muito felizes? Quantos exemplos de casamentos felizes ao longo de toda a história da humanidade? Quantos exemplos perto de nós? Uma infinidade… Não tenhamos vergonha de ser exemplo, porque isso é uma falsa soberba. Se realmente

CONCLUSÃO: DANÇAR

nos amamos e temos prazer em estar juntos, isso é visível, perceptível, transmite-se e muda a sua família, o seu bairro, o mundo inteiro.

Devemos *ter exemplo e ser exemplo*.

Como dizia Santa Teresa de Calcutá: "Se você quer mudar o mundo, vá para a casa e ame a sua família." E eu acrescento: ame o seu marido, a sua mulher, e que os seus filhos vejam e digam: "Eu quero isso para mim".

Acabou. Largue o livro, procure o seu parceiro e diga com todas as letras:

"Eu te amo muito!"

E lhe dê um abraço longo e apertado.

Gostaria que você me dissesse o que achou do livro. Pode entrar em contato comigo pelo Instagram (@pepborrellv) ou pelo e-mail pepborrellv@gmail.com.

Direção geral

Renata Ferlin Sugai

Direção de aquisição

Hugo Langone

Produção editorial

Juliana Amato

Gabriela Haeitmann

Ronaldo Vasconcelos

Roberto Martins

Capa

Gabriela Haeitmann

Diagramação

Sérgio Ramalho

ESTE LIVRO ACABA DE SER IMPRESSO
EM ABRIL DE 2025,
EM PAPEL BOLD 90 g/m².